대한민국 법령 시리즈 67

공무원 재해보상법

법령
시행령
시행규칙

해광출판사

머리말

이 책은 방대한 법전을 보지 않고 간편하게 해당되는 법령만 참고해서 볼 수 있도록 하였습니다. 공공기관이나 관련 종사자들이 쉽고 간편하게 해당 법령을 참조 할 수 있도록 하였습니다.

특히 해당법률은 물론 관련 시행령, 시행규칙을 함께 실어 관련법을 서로 참고할 수 있게 하였습니다.

법률이라는 것이 크든 작든 항상 변하는 관계로, 출간 이후의 정확하고 최신의 법률은 법제처 국가법령정보센터에서 확인이 가능하니 법률의 실제 적용 시 확인이 필요한 점 유의하기를 바랍니다.

편집부

* 수록 법률은 법제처 국가법령정보센터에서 확인 가능합니다.
* 발행일 기준 시행 법률이므로 최신 법령은 위 센터에서 볼 수 있습니다.
* 본 책자에 수록된 법률의 문구에 대하여 법적인 효력은 없으며,
  실제 적용 법률은 위 센터에서 최신의 법률로 확인하시기 바랍니다.
* 해당 법령과 함께 시행령, 시행규칙도 수록되어 있습니다.
* 발행일 기준으로 개정 예정 법률은 밑줄로 별도 표시되어 있으며,
  보다 정확한 것은 법제처에서 확인하기 바랍니다.

목차

공무원 재해보상법

[시행 2025. 3. 20.] [법률 제20399호, 2024. 3. 19., 일부개정]

**개정 예정 법률 밑줄 별도 표시.

공무원 재해보상법

[시행 2025. 3. 20.] [법률 제20399호, 2024. 3. 19., 일부개정]

제1장 총칙

제1조(목적) 이 법은 공무원의 공무로 인한 부상·질병·장해·사망에 대하여 적합한 보상을 하고, 공무상 재해를 입은 공무원의 재활 및 직무복귀를 지원하며, 재해예방을 위한 사업을 시행함으로써 공무원이 직무에 전념할 수 있는 여건을 조성하고, 공무원 및 그 유족의 복지 향상에 이바지함을 목적으로 한다.

제2조(주관) 이 법에 따른 공무원 재해보상제도의 운영에 관한 사항은 인사혁신처장이 주관한다.

제3조(정의) ① 이 법에서 사용하는 용어의 뜻은 다음과 같다. 〈개정 2024. 3. 19.〉

1. "공무원"이란 공무에 종사하는 다음 각 목의 어느 하나에 해당하는 사람을 말한다.

가. 「국가공무원법」, 「지방공무원법」, 그 밖의 법률에 따른 공무원. 다만, 군인과 선거에 의하여 취임하는 공무원은 제외한다.

나. 그 밖에 국가기관이나 지방자치단체에 근무하는 직원 중 대통령령으로 정하는 사람

2. "공무수행사망자"란 제1호 외의 사람으로서 사망 당시(부상 또

는 질병으로 사망한 경우에는 그 부상 또는 질병 발생 당시를 말한다) 다음 각 목의 요건 모두에 해당하는 것으로 제6조에 따른 공무원재해보상심의회 심의를 거쳐 인사혁신처장이 인정하는 사람을 말한다. 다만, 군인과 선거에 의하여 취임하는 공무원은 제외한다.

가. 국가 또는 지방자치단체의 사무를 수행할 것

나. 국가 또는 지방자치단체가 업무상 관리·감독 권한을 직접 또는 간접적으로 가지고 있을 것

다. 국가 또는 지방자치단체가 법령 또는 계약 등에 따라 보수 또는 수당 등을 직접 지급하거나 대통령령으로 정하는 바에 따라 간접적으로 지급하고 있을 것

라. 「산업재해보상보험법」 또는 그 밖의 법령(이하 "「산업재해보상보험법」등"이라 한다)에 따른 재해보상 적용자일 것

3. "순직공무원"이란 다음 각 목의 어느 하나에 해당하는 공무원을 말한다.

가. 재직 중 공무로 사망한 공무원

나. 재직 중 공무상 부상 또는 질병으로 사망한 공무원

다. 퇴직 후 나목에 따른 부상 또는 질병으로 사망한 공무원

4. "위험직무순직공무원"이란 생명과 신체에 대한 고도의 위험을 무릅쓰고 직무를 수행하다가 제5조 각 호의 어느 하나에 따른 재해(災害)를 입고 그 재해가 직접적인 원인이 되어 사망한 공무원을 말한다.

5. "유족"이란 공무원이거나 공무원이었던 사람이 사망할 당시 그가 부양하고 있던 다음 각 목의 어느 하나에 해당하는 사람을 말한다.

가. 배우자(재직 당시 혼인관계에 있던 사람으로 한정하며, 사실상 혼인관계에 있던 사람을 포함한다. 이하 같다)

나. 자녀(퇴직일 이후에 출생하거나 입양한 자녀는 제외하되, 퇴직 당시의 태아는 재직 중 출생한 자녀로 본다. 이하 같다)

다. 부모(퇴직일 이후에 입양된 경우의 부모는 제외한다. 이하 같다)

라. 손자녀(孫子女, 퇴직일 이후에 출생하거나 입양한 손자녀는 제외하되, 퇴직 당시의 태아는 재직 중 출생한 손자녀로 본다. 이하 같다)

마. 조부모(퇴직일 이후에 입양된 경우의 조부모는 제외한다. 이하 같다)

6. "치유"란 다음 각 목의 어느 하나에 해당하는 경우를 말한다.

가. 부상 또는 질병이 완치된 상태에 이르게 된 경우

나. 치료의 효과를 더 이상 기대할 수 없고 그 증상이 고정된 상태에 이르게 된 경우

7. "장해"란 부상 또는 질병이 치유되었으나 정신적 또는 신체적 장애로 인하여 근로능력이 상실되거나 감소된 상태를 말한다.

8. "퇴직"이란 면직(免職), 사직(辭職), 그 밖에 사망 외의 사유로 인한 모든 해직(解職)을 말한다. 다만, 공무원의 신분이 소멸된 날 또는 그 다음 날에 다시 공무원의 신분을 취득하고 「공무원연금법」에 따른 퇴직급여 및 퇴직수당을 받지 아니한 경우는 제외한다.

② 제1항제5호에 따른 자녀와 손자녀는 다음 각 호의 어느 하나에 해당하는 사람으로 한정한다. 이 경우 손자녀는 그의 아버지가

없거나 아버지가 대통령령으로 정하는 정도의 장해 상태에 있는 경우로 한정한다. 〈개정 2024. 3. 19.〉

1. 25세 미만인 사람

2. 25세 이상인 사람으로서 대통령령으로 정하는 정도의 장해 상태에 있는 사람

③ 공무원이거나 공무원이었던 사람의 사망 당시의 태아는 이 법에 따른 급여를 지급할 때에는 이미 출생한 것으로 본다.

제4조(공무상 재해의 인정기준) ① 공무원이 다음 각 호의 어느 하나에 해당하는 부상을 당하거나 질병에 걸리는 경우와 그 부상 또는 질병으로 장해를 입거나 사망한 경우에는 공무상 재해로 본다. 다만, 공무와 재해 사이에 상당한 인과관계가 없는 경우에는 공무상 재해로 보지 아니한다. 〈개정 2022. 11. 15.〉

1. 공무상 부상: 다음 각 목의 어느 하나에 해당하는 사고(이하 "공무상 사고"라 한다)로 인한 부상

가. 공무수행 또는 그에 따르는 행위를 하던 중 발생한 사고

나. 통상적인 경로와 방법으로 출퇴근하던 중 발생한 사고

다. 그 밖에 공무수행과 관련하여 발생한 사고

2. 공무상 질병: 다음 각 목의 어느 하나에 해당하는 질병

가. 공무수행 과정에서 물리적·화학적·생물학적 요인에 의하여 발생한 질병

나. 공무수행과정에서 신체적·정신적 부담을 주는 업무가 원인이 되어 발생한 질병

다. 직장 내 괴롭힘(공무원이 직장에서의 지위나 관계 등의 우

위를 이용하여 업무상 적정범위를 넘어 다른 공무원에게 신체적·정신적 고통을 주거나 근무환경을 악화시키는 행위를 말한다), 민원인 등의 폭언 등으로 인한 업무상 정신적 스트레스가 원인이 되어 발생한 질병

라. 공무상 부상이 원인이 되어 발생한 질병

마. 그 밖에 공무수행과 관련하여 발생한 질병

② 공무원의 자해행위가 원인이 되어 부상·질병·장해를 입거나 사망한 경우 공무상 재해로 보지 아니한다. 다만, 그 자해행위가 공무와 관련한 사유로 정상적인 인식능력 등이 뚜렷하게 저하된 상태에서 한 행위로서 대통령령으로 정하는 사유가 있으면 공무상 재해로 본다.

③ 공무상 재해로 요양 중인 공무원에게 그 공무상 재해로 인한 부상이나 질병이 추가로 발견되어 요양이 필요한 경우 그 추가로 발견된 부상이나 질병은 공무상 재해로 본다.

④ 공무상 부상이나 질병의 치료과정에서 그 부상 또는 질병이 주된 원인이 되어 합병증이 유발된 경우 그 합병증은 공무상 질병으로 본다. 다만, 합병증이 기초 질환이나 체질적 원인에 의하여 자연적으로 유발되었거나 악화된 경우에는 공무상 질병으로 보지 아니한다.

⑤ 공무상 질병에 대한 결정을 하는 경우에는 공무원이거나 공무원이었던 사람의 업무 특성, 성별, 나이, 체질, 평소의 건강상태, 기존의 질병 유무, 병가, 휴직, 퇴직 등을 고려하여야 한다.

⑥ 공무상 재해의 구체적인 인정기준은 대통령령으로 정한다.

제4조의2(공무상 재해의 인정 특례) 유해하거나 위험한 환경에서 공무를 수행하는 공무원이 공무수행과정에서 상당기간 유해·위험요인에 노출되어 질병에 걸리는 경우와 그 질병으로 장해를 입거나 사망한 경우에는 공무상 재해로 추정한다. 이 경우 질병의 종류는 대통령령으로 정하고, 구체적인 질병명, 공무원의 직종, 유해하거나 위험한 환경에서 재직한 기간 및 그 밖에 필요한 사항은 인사혁신처장이 정한다.

[본조신설 2022. 6. 10.]

제5조(위험직무순직공무원의 요건에 해당하는 재해) 위험직무순직공무원의 요건에 해당하는 재해는 다음 각 호의 어느 하나에 해당하는 재해를 말한다. 〈개정 2021. 3. 23., 2022. 1. 11.〉

1. 경찰공무원이 다음 각 목의 직무를 수행하다가 입은 재해

가. 범인 또는 피의자의 체포

나. 「경찰관 직무집행법」 제2조제3호에 따른 경비, 주요 인사(人士) 경호 및 대간첩·대테러 작전 수행

다. 「경찰관 직무집행법」 제2조제5호에 따른 교통 단속과 교통 위해(危害)의 방지

라. 긴급신고 처리를 위한 현장 출동, 범죄예방·인명구조·재산보호 등을 위한 순찰 활동, 해양오염 확산 방지

2. 소방공무원이 다음 각 목의 직무를 수행하다가 입은 재해

가. 재난·재해 현장에서의 화재진압, 인명구조·구급작업 또는 이를 위한 지원활동(그 업무수행을 위한 긴급한 출동·복귀 및 부수활동을 포함한다)

나. 위험 제거를 위한 생활안전활동

3. 대통령경호처 직원이 「대통령 등의 경호에 관한 법률」에 따른 경호 업무를 수행하다가 입은 재해

4. 국가정보원 직원이 다음 각 목의 직무를 수행하다가 입은 재해

가. 「국가정보원법」 제3조제1항제3호 · 제4호에 따른 직무

나. 간첩 체포 및 방첩 활동

다. 분쟁지역 등에서 대테러 및 국제범죄조직 등 보안정보 수집

5. 교도관이 「형의 집행 및 수용자의 처우에 관한 법률」에 따른 계호(戒護) 업무를 수행하다가 입은 재해

6. 산림항공기 조종사 및 그와 동승(同乘)한 근무자가 현장에서 산불예방 · 진화작업, 산림병해충 예찰 · 방제 작업, 인명구조, 재난 · 재해 현장에서의 구난행위(그 업무수행을 위한 긴급한 출동 · 복귀 및 부수활동을 포함한다)를 하다가 입은 재해

7. 「수산업법」 제69조에 따른 어업감독 공무원이 어업지도선 및 단속정에 승선하여 불법어업 지도 · 단속(그 업무수행을 위한 긴급한 출동 · 복귀 및 부수활동을 포함한다)을 하다가 입은 재해

8. 「형사소송법」 제197조 및 제245조의9에 따른 사법경찰관리나 「사법경찰관리의 직무를 수행할 자와 그 직무범위에 관한 법률」 제3조부터 제5조까지의 규정에 따른 사법경찰관리가 범죄의 수사 · 단속 또는 범인이나 피의자를 체포하다가 입은 재해

9. 공무원이 다음 각 목의 활동 중 입은 재해

가. 「재난 및 안전관리 기본법」에 따라 재난 · 재해 현장에 투입

되어 수행한 인명구조·진화·수해방지 또는 구난(그 업무 수행을 위한 긴급한 출동·복귀 및 부수활동을 포함한다)

나. 「감염병의 예방 및 관리에 관한 법률」에 따른 감염병환자의 치료 또는 감염병의 확산 방지

다. 「산림보호법」에 따른 산불 진화

라. 국외에서 천재지변·전쟁·교전·폭동·납치·테러·감염병, 그 밖의 위난상황 발생 시 대한민국 국민의 보호 또는 사고 수습

마. 「화학물질관리법」 제2조제6호에 따른 사고대비물질 또는 같은 조 제7호에 따른 유해화학물질의 취급

10. 공무원이 제1호부터 제9호까지의 공무수행과 관련하여 보복성 범죄·테러 등으로 입은 재해 또는 실기·실습 훈련 중 입은 재해

11. 그 밖에 제6조에 따른 공무원재해보상심의회가 제1호부터 제10호까지의 재해에 준한다고 인정하는 위험한 직무를 수행하다가 입은 재해

제5조(위험직무순직공무원의 요건에 해당하는 재해) 위험직무순직공무원의 요건에 해당하는 재해는 다음 각 호의 어느 하나에 해당하는 재해를 말한다. 〈개정 2021. 3. 23., 2022. 1. 11., 2024. 2. 6.〉

1. 경찰공무원이 다음 각 목의 직무를 수행하다가 입은 재해

가. 범인 또는 피의자의 체포

나. 「경찰관 직무집행법」 제2조제3호에 따른 경비, 주요 인사(人士) 경호 및 대간첩·대테러 작전 수행

다. 「경찰관 직무집행법」 제2조제5호에 따른 교통 단속과 교통 위해(危害)의 방지

라. 긴급신고 처리를 위한 현장 출동, 범죄예방 · 인명구조 · 재산보호 등을 위한 순찰 활동, 해양오염 확산 방지

2. 소방공무원이 다음 각 목의 직무를 수행하다가 입은 재해

가. 재난 · 재해 현장에서의 화재진압, 인명구조 · 구급작업 또는 이를 위한 지원활동(그 업무수행을 위한 긴급한 출동 · 복귀 및 부수활동을 포함한다)

나. 위험 제거를 위한 생활안전활동

3. 대통령경호처 직원이 「대통령 등의 경호에 관한 법률」에 따른 경호 업무를 수행하다가 입은 재해

4. 국가정보원 직원이 다음 각 목의 직무를 수행하다가 입은 재해

가. 「국가정보원법」 제3조제1항제3호 · 제4호에 따른 직무

나. 간첩 체포 및 방첩 활동

다. 분쟁지역 등에서 대테러 및 국제범죄조직 등 보안정보 수집

5. 교도관이 「형의 집행 및 수용자의 처우에 관한 법률」에 따른 계호(戒護) 업무를 수행하다가 입은 재해

6. 산림항공기 조종사 및 그와 동승(同乘)한 근무자가 현장에서 산불예방 · 진화작업, 산림병해충 예찰 · 방제 작업, 인명구조, 재난 · 재해 현장에서의 구난행위(그 업무수행을 위한 긴급한 출동 · 복귀 및 부수활동을 포함한다)를 하다가 입은 재해

7. 「수산업법」 제69조에 따른 어업감독 공무원이 어업지도선 및 단속정에 승선하여 불법어업 지도 · 단속(그 업무수행을 위한 긴급한 출동 · 복귀 및 부수활동을 포함한다)을 하다가 입은 재해

8. 「형사소송법」 제197조 및 제245조의9에 따른 사법경찰관리나

「사법경찰관리의 직무를 수행할 자와 그 직무범위에 관한 법률」 제3조부터 제5조까지의 규정에 따른 사법경찰관리가 범죄의 수사ㆍ단속 또는 범인이나 피의자를 체포하다가 입은 재해

9. 공무원이 다음 각 목의 활동 중 입은 재해

가. 「재난 및 안전관리 기본법」에 따라 재난ㆍ재해 현장에 투입되어 수행한 인명구조ㆍ진화ㆍ수해방지 또는 구난(그 업무 수행을 위한 긴급한 출동ㆍ복귀 및 부수활동을 포함한다)

나. 「감염병의 예방 및 관리에 관한 법률」에 따른 감염병환자의 치료 또는 감염병의 확산 방지

다. 「산림보호법」에 따른 산불 진화

라. 국외에서 천재지변ㆍ전쟁ㆍ교전ㆍ폭동ㆍ납치ㆍ테러ㆍ감염병, 그 밖의 위난상황 발생 시 대한민국 국민의 보호 또는 사고 수습

마. 「화학물질관리법」 제2조제3호에 따른 허가물질, 같은 조 제4호에 따른 제한물질, 같은 조 제5호에 따른 금지물질, 같은 조 제6호에 따른 사고대비물질 또는 같은 조 제7호에 따른 유해화학물질의 취급

10. 공무원이 제1호부터 제9호까지의 공무수행과 관련하여 보복성 범죄ㆍ테러 등으로 입은 재해 또는 실기ㆍ실습 훈련 중 입은 재해

11. 그 밖에 제6조에 따른 공무원재해보상심의회가 제1호부터 제10호까지의 재해에 준한다고 인정하는 위험한 직무를 수행하다가 입은 재해

[시행일: 2025. 8. 7.] 제5조

제6조(공무원재해보상심의회) ① 다음 각 호의 사항을 심의하기 위하여 인사혁신처에 공무원재해보상심의회(이하 "심의회"라 한다)를 둔다. 〈개정 2022. 6. 10.〉

1. 공무원 재해보상제도에 관한 사항

2. 공무수행사망자의 인정에 관한 사항

3. 다음 각 목의 급여 결정에 관한 사항

가. 제22조에 따른 요양급여

나. 제28조에 따른 장해연금 또는 장해일시금

다. 제36조에 따른 순직유족연금 및 제37조에 따른 순직유족보상금

라. 제38조에 따른 위험직무순직유족연금 및 제39조에 따른 위험직무순직유족보상금

4. 제21조제1항 단서에 따른 제3자에 대한 손해배상청구에 관한 사항

5. 제23조에 따른 재요양에 관한 사항

6. 다른 법령에서 심의회의 심의를 거치도록 한 사항

7. 그 밖에 공무원 재해보상제도의 운영과 관련하여 대통령령으로 정하는 사항

② 제1항에도 불구하고 제4조제1항제1호에 따른 공무상 부상이 공무상 사고로 인하여 발생한 것이 명백한 경우에는 심의회의 심의에서 제외한다. 〈신설 2022. 6. 10.〉

제7조(심의회의 구성 등) ① 심의회는 위원장 1명을 포함한 100명 이내의 위원으로 구성한다.

② 심의회의 위원장은 위원 중에서 인사혁신처장이 임명 또는 위촉한다.

③ 심의회의 당연직 위원은 기획재정부, 행정안전부, 국가보훈부, 고용노동부 및 인사혁신처 소속 4급 이상 공무원 또는 이에 상당하는 공무원으로서 재해보상·연금·복지 또는 복무 관련 업무를 담당하는 공무원 중에서 해당 기관의 장이 지명하는 사람으로 하고, 당연직이 아닌 위원은 다음 각 호의 사람 중에서 인사혁신처장이 임명 또는 위촉한다. 〈개정 2023. 3. 4.〉

1. 「공무원연금법」에 따른 공무원연금공단(이하 "공단"이라 한다) 소속 임직원 중 해당 기관의 장이 추천하는 사람

2. 재해보상·연금·복지·복무 등 인사행정 또는 사회보장 관련 업무에 종사하고 있거나 종사하였던 사람 중에서 4급 이상 공무원 또는 이에 상당하는 공무원으로 재직하고 있거나 재직하였던 사람

3. 판사, 검사 또는 변호사로 재직하고 있거나 재직하였던 사람

4. 「의료법」 제2조에 따른 의료인

5. 그 밖에 재해보상·연금·복지·복무 등 인사행정 및 사회보장 분야에 관한 학식과 경험이 풍부한 사람

④ 위원의 임기는 3년으로 하며, 대통령령으로 정하는 바에 따라 연임할 수 있다. 다만, 당연직 위원 및 제3항제1호의 위원은 그 직(職)에 있는 동안 재임(在任)한다.

⑤ 심의회의 회의는 위원장과 위원장이 회의 시마다 지정하는 위원을 포함하여 11명 이상 15명 이하로 구성한다.

⑥ 심의회는 심의를 위하여 필요한 경우 다음 각 호의 조치를 할

수 있다.

1. 급여 청구인 또는 그 청구인이 지정하는 사람, 관계 공무원 및 그 밖의 이해관계인 등에 대한 출석 요구 및 의견 청취

2. 관계 공무원 또는 그 밖에 급여에 관련된 사람·기관 등에 대한 자료 제출 요구

⑦ 제1항부터 제6항까지에서 규정한 사항 외에 심의회의 구성 및 운영에 필요한 사항은 대통령령으로 정한다.

제2장 급여

제1절 통칙

제8조(급여) 이 법에 따른 급여는 다음 각 호와 같다. 다만, 제43조의2에 따른 건강손상자녀에 대한 급여의 종류는 제1호의 요양급여, 제2호의 재활급여, 제3호의 장해급여, 제4호의 간병급여 및 제6호나목의 사망조위금(제43조제2항에 따라 본인이 사망한 경우에 지급하는 사망조위금으로 한정한다)으로 한다. 〈개정 2024. 3. 19.〉

1. 요양급여
2. 재활급여
   가. 재활운동비
   나. 심리상담비
3. 장해급여
   가. 장해연금
   나. 장해일시금
4. 간병급여

5. 재해유족급여

가. 장해유족연금

나. 순직유족급여

1) 순직유족연금

2) 순직유족보상금

다. 위험직무순직유족급여

1) 위험직무순직유족연금

2) 위험직무순직유족보상금

6. 부조급여

가. 재난부조금

나. 사망조위금

제9조(급여의 청구 및 결정) ① 제8조에 따른 급여를 받으려는 사람은 인사혁신처장에게 급여를 청구하여야 한다.

② 다음 각 호의 급여를 청구할 때(제1호의 요양급여는 동일한 부상 또는 질병에 대해서는 처음 급여를 청구하는 경우로 한정한다)에는 해당 공무원이 소속되어 있거나 소속되었던 기관장(「공무원연금법」 제3조제1항제6호에 따른 기관장을 말한다. 이하 같다)의 확인을 받아 청구하여야 한다. 다만, 대통령령으로 정하는 급여는 인사혁신처장이 급여를 받을 권리를 가진 사람의 청구를 받은 후에 그 청구인을 대신하여 직접 기관장의 확인을 받을 수 있다.

1. 제8조제1호에 따른 요양급여

2. 제8조제3호에 따른 장해급여

3. 제8조제5호나목에 따른 순직유족급여

4. 제8조제5호다목에 따른 위험직무순직유족급여

③ 인사혁신처장은 제1항에 따른 급여의 청구를 받으면 급여의 요건을 확인한 후 급여를 결정하고 지급한다. 이 경우 제2항 각 호의 급여를 결정할 때에는 제6조제2항에 해당하는 경우를 제외하고는 심의회의 심의를 거쳐야 한다. 〈개정 2022. 6. 10.〉

④ 제1항부터 제3항까지의 규정에도 불구하고 지방자치단체 공무원의 재난부조금 및 사망조위금은 해당 지방자치단체의 장에게 청구하고, 지방자치단체의 장의 결정으로 지방자치단체가 지급한다.

⑤ 제1항부터 제4항까지에서 규정한 사항 외에 급여의 청구, 결정 및 지급의 방법·절차, 그 밖에 필요한 사항은 대통령령으로 정한다.

제10조(급여액 산정의 기초) ① 다음 각 호의 급여의 산정은 해당 공무원에 대한 급여의 사유가 발생한 날이 속하는 달의 「공무원연금법」 제3조제1항제4호에 따른 기준소득월액(이하 "기준소득월액"이라 한다)을 기초로 한다.

1. 제8조제3호에 따른 장해급여
2. 제8조제5호가목에 따른 장해유족연금
3. 제8조제5호나목1)에 따른 순직유족연금
4. 제8조제5호다목1)에 따른 위험직무순직유족연금
5. 제8조제6호나목 및 제43조제2항에 따른 사망조위금

② 제1항에도 불구하고 같은 항 제3호부터 제5호까지의 급여의 경우에는 해당 공무원의 기준소득월액이 급여의 사유가 발생한 날이 속하는 달의 「공무원연금법」 제30조제3항에 따른 공무원 전체의 기

준소득월액 평균액(이하 "공무원 전체의 기준소득월액 평균액"이라 한다)의 160퍼센트(이하 "최고 보상기준 금액"이라 한다)를 초과하거나, 50퍼센트(이하 "최저 보상기준 금액"이라 한다) 미만이면 그 최고 보상기준 금액이나 최저 보상기준 금액을 각각 해당 공무원의 기준소득월액으로 한다.

③ 다음 각 호의 급여의 산정은 공무원 전체의 기준소득월액 평균액을 기초로 한다.

1. 제8조제5호나목2)에 따른 순직유족보상금
2. 제8조제5호다목2)에 따른 위험직무순직유족보상금
3. 제8조제6호가목에 따른 재난부조금
4. 제8조제6호나목 및 제43조제1항에 따른 사망조위금

제10조(급여액 산정의 기초) ① 다음 각 호의 급여의 산정은 해당 공무원에 대한 급여의 사유가 발생한 날이 속하는 달의 「공무원연금법」 제3조제1항제4호에 따른 기준소득월액(이하 "기준소득월액"이라 한다)을 기초로 한다. 다만, 공무원의 임용에 관련한 법률 또는 국회규칙, 대법원규칙, 헌법재판소규칙, 중앙선거관리위원회규칙 및 대통령령에서 정하는 바에 따라 공무원이 공무로 사망하거나 전사하여 상위 계급·직급 또는 직위(고위공무원단 직위를 포함한다)에 승진 등 임용된 경우 제3호부터 제5호까지의 급여의 산정은 대통령령으로 정하는 바에 따라 해당 상위 계급·직급 또는 직위에서 재직한 것으로 간주하여 산정한 기준소득월액을 기초로 한다. 〈개정 2025. 1. 7.〉

1. 제8조제3호에 따른 장해급여

2. 제8조제5호가목에 따른 장해유족연금

3. 제8조제5호나목1)에 따른 순직유족연금

4. 제8조제5호다목1)에 따른 위험직무순직유족연금

5. 제8조제6호나목 및 제43조제2항에 따른 사망조위금

② 제1항에도 불구하고 같은 항 제3호부터 제5호까지의 급여의 경우에는 해당 공무원의 기준소득월액이 급여의 사유가 발생한 날이 속하는 달의 「공무원연금법」 제30조제3항에 따른 공무원 전체의 기준소득월액 평균액(이하 "공무원 전체의 기준소득월액 평균액"이라 한다)의 160퍼센트(이하 "최고 보상기준 금액"이라 한다)를 초과하거나, 50퍼센트(이하 "최저 보상기준 금액"이라 한다) 미만이면 그 최고 보상기준 금액이나 최저 보상기준 금액을 각각 해당 공무원의 기준소득월액으로 한다.

③ 다음 각 호의 급여의 산정은 공무원 전체의 기준소득월액 평균액을 기초로 한다.

1. 제8조제5호나목2)에 따른 순직유족보상금

2. 제8조제5호다목2)에 따른 위험직무순직유족보상금

3. 제8조제6호가목에 따른 재난부조금

4. 제8조제6호나목 및 제43조제1항에 따른 사망조위금

[시행일: 2025. 7. 8.] 제10조

제11조(유족의 우선순위 등) ① 급여를 받을 유족의 순위는 「민법」에 따라 상속받는 순위에 따른다.

② 유족 중에 같은 순위자가 2명 이상 있을 때에는 급여를 똑같이 나누어 지급하되, 지급방법은 대통령령으로 정한다.

제12조(급여의 수급자에 대한 특례) ① 공무원이거나 공무원이었던 사람이 사망한 경우에 급여를 받을 유족이 없을 때에는 대통령령으로 정하는 한도의 금액을 유족이 아닌 직계존비속에게 지급하고, 직계존비속도 없을 때에는 그 공무원이거나 공무원이었던 사람을 위하여 사용할 수 있다.

② 제1항에 따른 유족이 아닌 직계존비속이 2명 이상 있을 때에 그 급여의 지급에 관하여는 제11조를 준용한다.

제13조(연금의 지급기간 및 지급시기) ① 연금인 급여는 그 급여의 사유(제30조에 따른 장해연금 등급의 개정 사유를 포함한다)가 발생한 날이 속하는 달의 다음 달부터 그 사유가 소멸된 날이 속하는 달까지의 급여분을 지급한다.

② 연금인 급여의 지급을 정지할 사유가 발생하였을 때에는 그 사유가 발생한 날이 속하는 달의 다음 달부터 그 사유가 소멸된 날이 속하는 달까지의 급여분 지급을 정지한다. 다만, 정지사유가 발생한 날과 그 사유가 소멸한 날이 같은 달에 속하는 경우에는 지급을 정지하지 아니한다.

③ 연금인 급여는 매월 대통령령으로 정하는 바에 따라 지급한다.

제14조(연금액의 조정) ① 연금인 급여는 「통계법」 제3조에 따라 통계청장이 매년 고시하는 전전년도와 대비한 전년도 전국소비자물가변동률에 해당하는 금액을 매년 늘리거나 줄인다.

② 제1항에 따라 조정된 금액은 해당 연도 1월부터 12월까지 적용한다.

제15조(연금 지급의 특례) ① 연금인 급여를 받을 권리가 있는 사람

이 외국으로 이민을 갈 때에는 본인이 원하는 바에 따라 출국하는 달의 다음 달부터 지급하는 연금인 급여를 갈음하여 일시금을 받을 수 있다. 이 경우 일시금은 출국하는 달의 다음 달을 기준으로 한 4년분의 연금에 상당하는 금액으로 한다.

② 연금인 급여를 받을 권리가 있는 사람이 국적을 상실한 경우에는 본인이 원하는 바에 따라 국적을 상실한 달의 다음 달부터 지급하는 연금인 급여를 갈음하여 일시금을 받을 수 있다. 이 경우 일시금은 국적을 상실한 달의 다음 달을 기준으로 한 4년분의 연금에 상당하는 금액으로 한다.

제16조(급여의 환수 등) ① 인사혁신처장 또는 지방자치단체의 장은 급여를 받은 사람이 다음 각 호의 어느 하나에 해당하는 경우에는 그 급여액(지급받은 급여액과 지급하여야 할 급여액과의 차액이 발생한 경우에는 그 차액을 말한다. 이하 이 조에서 같다)을 환수하여야 한다. 이 경우 제1호에 해당하면 급여액에 대통령령으로 정하는 이자 및 환수비용을 가산하여 징수하고, 제2호 또는 제3호의 경우로서 환수금을 내야 할 사람이 기한까지 내지 아니하면 대통령령으로 정하는 이자를 가산하여야 한다.

1. 거짓이나 그 밖의 부정한 방법으로 급여를 받은 경우
2. 급여를 받은 후 그 급여의 사유가 소급하여 소멸된 경우
3. 그 밖에 급여가 잘못 지급된 경우

② 인사혁신처장 또는 지방자치단체의 장은 제1항에 따라 급여를 환수할 때에 환수금을 내야 할 사람이 기한까지 내지 아니하면 「국세징수법」 또는 「지방세징수법」에 따른 체납처분의 예에 따라 징수

할 수 있다.

③ 인사혁신처장 또는 지방자치단체의 장은 제1항에 따라 급여를 환수할 때에는 다음 각 호의 어느 하나에 해당하는 사유가 있으면 결손처분할 수 있다. 다만, 제1호와 제3호의 경우에 결손처분을 한 후 압류할 수 있는 재산을 발견한 경우에는 지체 없이 결손처분을 취소하고 체납처분의 예에 따라 징수하여야 한다.

1. 체납처분이 종결되고 체납액에 충당된 배분금액이 체납액보다 적은 경우

2. 해당 권리에 대한 소멸시효가 완성된 경우

3. 대통령령으로 정하는 바에 따라 징수할 가능성이 없다고 인정되는 경우

제17조(미납금의 공제지급) ① 공무원이거나 공무원이었던 사람이 다음 각 호에 해당하는 채무가 있을 때에는 장해급여, 장해유족연금, 순직유족급여 및 위험직무순직유족급여에서 빼고 지급할 수 있다. 다만, 연금인 급여에 대해서는 매월 지급되는 연금액의 2분의 1을 초과하여 빼지 아니한다.

1. 제16조에 따른 환수금의 원리금

2. 제32조에 따른 장해연금의 지급정지금액의 정산과 관련된 차액

② 공무원이거나 공무원이었던 사람이 「공무원연금법」 제54조제1항에 따른 퇴직유족연금(이하 "퇴직유족연금"이라 한다), 같은 조 제4항에 따른 퇴직유족연금일시금(이하 "퇴직유족연금일시금"이라 한다), 같은 법 제58조에 따른 퇴직유족일시금(이하 "퇴직유족일시금"이라 한다)과 관련하여 다음 각 호에 해당하는 채무가 있을 때에는

순직유족급여 및 위험직무순직유족급여에서 빼고 지급할 수 있다. 다만, 연금인 급여에 대해서는 매월 지급되는 연금액의 2분의 1을 초과하여 빼지 아니한다.

1. 「공무원연금법」 제26조제2항ㆍ제3항에 따른 반납하여야 할 퇴직급여액과 이자의 원리금

2. 「공무원연금법」 제37조에 따른 환수금의 원리금

3. 「공무원연금법」 제50조제3항에 따른 지급정지금액의 정산과 관련된 차액

4. 「공무원연금법」 제67조제1항ㆍ제3항 및 법률 제3586호 공무원연금법개정법률 부칙 제7조제2항ㆍ제3항에 따른 기여금을 내지 아니한 경우의 미납기여금

5. 「공무원연금법」 제75조에 따른 대여학자금을 갚지 아니한 경우의 미상환(未償還) 원리금

6. 「공무원연금법」 제77조제2항제5호에 따른 대부금을 갚지 아니한 경우의 미상환 원리금

제18조(권리의 보호) ① 급여를 받을 권리는 양도, 압류하거나 담보로 제공할 수 없다. 다만, 연금인 급여를 받을 권리는 대통령령으로 정하는 금융회사에 담보로 제공할 수 있고, 「국세징수법」, 「지방세징수법」, 그 밖의 법률에 따른 체납처분의 대상으로 할 수 있다.

② 수급권자에게 지급된 급여 중 「민사집행법」 제195조제3호에서 정하는 금액 이하는 압류할 수 없다.

제19조(급여 상호 간의 조정) ① 위험직무순직유족연금 지급 결정을 받은 사람에 대해서는 순직유족연금을 지급하지 아니하며, 위험직무

순직유족보상금 지급 결정을 받은 사람에 대해서는 순직유족보상금을 지급하지 아니한다. 이 경우 이미 순직유족연금 또는 순직유족보상금을 지급하였을 때에는 위험직무순직유족연금 또는 위험직무순직유족보상금에서 그 지급액만큼을 빼고 지급한다.

② 장해유족연금 수급권자가 순직유족연금 수급권 또는 위험직무순직유족연금 수급권을 함께 갖게 된 경우에는 그 중 하나를 선택하여 받을 수 있다. 이 경우 순직유족연금 또는 위험직무순직유족연금을 선택한 사람에게 이미 장해유족연금을 지급하였을 때에는 순직유족급여 또는 위험직무순직유족급여에서 그 지급액만큼을 빼고 지급한다.

제20조(다른 법령에 따른 급여와의 조정) ① 순직유족연금의 수급권자는 다음 각 호의 어느 하나에 해당하는 급여의 수급권을 갖게 된 경우 순직유족연금과 해당 급여 중 하나를 선택하여 받을 수 있다.

1. 퇴직유족연금
2. 퇴직유족연금일시금
3. 퇴직유족일시금

② 위험직무순직유족연금의 수급권자는 제1항 각 호의 어느 하나에 해당하는 수급권을 갖게 된 경우 위험직무순직유족연금과 해당 급여 중 하나를 선택하여 받을 수 있다.

③ 순직유족연금 수급권자에게 퇴직유족연금, 퇴직유족연금일시금 또는 퇴직유족일시금을 이미 지급하였을 때에는 순직유족급여에서 그 지급액만큼을 빼고 지급한다.

④ 위험직무순직유족연금 수급권자에게 퇴직유족연금, 퇴직유족연

금일시금 또는 퇴직유족일시금을 이미 지급하였을 때에는 위험직무순직유족급여에서 그 지급액만큼을 빼고 지급한다.

⑤ 다른 법령에 따라 국가나 지방자치단체의 부담으로 이 법에 따른 급여와 같은 종류의 급여를 받는 사람에게는 그 급여에 해당하는 금액을 이 법에 따른 급여에서 빼고 지급한다. 다만, 순직유족급여 · 위험직무순직유족급여 수급자(장해유족연금, 퇴직유족연금, 퇴직유족연금일시금 또는 퇴직유족일시금을 선택한 사람을 포함한다)에게 「국가유공자 등 예우 및 지원에 관한 법률」 및 「보훈보상대상자 지원에 관한 법률」에 따른 보상금을 함께 지급하는 경우에는 이를 빼지 아니한다.

⑥ 「공무원연금법」, 「군인연금법」, 「사립학교교직원 연금법」 또는 「별정우체국법」에 따른 퇴직연금 · 조기퇴직연금 또는 퇴역연금의 수급자가 이 법에 따른 순직유족연금 또는 장해유족연금을 함께 받게 된 경우에는 해당 유족연금액의 2분의 1을 빼고 지급한다.

⑦ 제28조에 따른 장해급여 수급권과 「공무원연금법」 제59조에 따른 비공무상 장해급여 수급권이 함께 발생한 경우에는 그 중 하나를 선택하여 받을 수 있다.

제21조(제3자에 대한 손해배상청구권) ① 이 법에 따른 급여의 사유가 제3자의 행위로 인하여 발생한 경우에는 인사혁신처장이나 지방자치단체의 장은 그 급여의 사유에 대하여 이미 지급한 급여액(장해연금을 받는 경우에는 장해일시금을 받는 것으로 보아 산정한 금액을 말한다)의 범위에서 수급권자가 제3자에 대하여 가지는 손해배상청구권을 취득한다. 다만, 제3자가 다음 각 호의 어느 하나에 해당

하는 경우에는 심의회의 심의를 거쳐 손해배상청구권의 전부 또는 일부를 행사하지 아니할 수 있다.

1. 해당 공무원 또는 공무원이었던 사람의 배우자
2. 해당 공무원 또는 공무원이었던 사람의 직계존비속
3. 공무수행 중인 공무원

② 제1항의 경우에 수급권자가 그 제3자로부터 같은 사유로 이미 손해배상을 받았을 때에는 그 배상액의 범위에서 급여를 지급하지 아니한다.

제2절 요양급여

제22조(요양급여) ① 공무원이 공무상 부상 또는 질병으로 인하여 다음 각 호의 요양을 하는 경우(제23조제2항에 따라 재요양의 청구로 인하여 요양을 하는 경우를 포함한다)에는 심의회의 심의를 거쳐 요양급여를 지급한다.

1. 진단
2. 약제(藥劑), 치료재(治療材) 및 보철구(補綴具) 지급
3. 처치 · 수술이나 그 밖의 치료
4. 병원이나 요양소에 수용되어 하는 요양
5. 간호
6. 이송
7. 재활치료

② 제1항의 요양급여는 동일한 부상 또는 질병에 대하여 실제요양기간이 3년을 넘지 아니하는 범위에서 그 요양에 필요한 금액으

로 한다. 다만, 실제요양기간이 3년을 넘은 후에도 계속 치료가 필요하다는 의학적 소견이 있는 경우에는 대통령령으로 정하는 바에 따라 1년 이하의 기간 단위로 요양기간을 연장할 수 있다.

제23조(재요양) ① 요양급여를 받은 사람이 치유된 후 요양의 대상이 되었던 부상 또는 질병이 재발하거나 치유 당시보다 상태가 악화되어 이를 치유하기 위한 적극적인 치료가 필요하다는 의학적 소견이 있는 경우에는 재요양을 청구할 수 있다.

② 제1항에 따라 재요양을 청구한 사람은 심의회의 심의를 거쳐 다시 제22조제1항 각 호에 따른 요양을 할 수 있다.

③ 제1항 및 제2항에서 규정한 사항 외에 재요양의 요건과 절차 등 필요한 사항은 대통령령으로 정한다.

제24조(요양기관) 제22조에 따른 요양은 「국민건강보험법」 제42조제1항에 따른 요양기관(이하 "요양기관"이라 한다)에서 받아야 한다.

제25조(요양급여의 산정) 요양급여는 다음 각 호에 따라 산정하는 금액으로 한다.

1. 「국민건강보험법」 제45조에 따라 산정하는 요양급여비용

2. 「국민건강보험법」 제45조에 따라 산정한 요양급여비용을 초과하거나 같은 조에 따른 요양 외의 요양에 드는 비용으로서 「산업재해보상보험법」 제40조에 따라 산정하는 요양급여의 비용

3. 제1호와 제2호에 따라 산정한 요양급여비용을 초과하거나 그 범위 외의 요양에 드는 비용으로서 대통령령으로 정하는 요양급여비용

제3절 재활급여

제26조(재활운동비) ① 재활운동비는 다음 각 호의 어느 하나에 해당하는 사람으로서 대통령령으로 정하는 장해가 남을 것이라는 의학적 소견이 있는 공무원이 재활운동을 한 경우에 지급한다.

1. 공무상 요양 중인 공무원
2. 공무상 요양을 마친 공무원으로서 요양을 마친 후 3개월 이내인 공무원

② 제1항에 따른 재활운동비는 인사혁신처장이 고시하는 금액의 범위에서 실제 드는 비용으로 한다.

③ 제1항에 따른 재활운동비의 지급요건 및 지급절차 등에 필요한 사항은 대통령령으로 정한다.

제27조(심리상담비) ① 심리상담비는 공무상 요양 중인 공무원이 공무상 재해로 인한 심리적 치료를 위하여 심리상담을 한 경우 지급한다.

② 제1항에 따른 심리상담비는 인사혁신처장이 고시하는 금액의 범위에서 실제 드는 비용으로 한다.

③ 제1항에 따른 심리상담비의 지급요건 및 지급절차 등에 필요한 사항은 대통령령으로 정한다.

제4절 장해급여

제28조(장해연금 또는 장해일시금) 공무원이 다음 각 호의 어느 하나에 해당하는 경우에는 심의회의 심의를 거쳐 대통령령으로 정하는 장해의 정도에 따른 등급을 기준으로 장해연금 또는 장해일시금을 지급한다.

1. 공무상 부상 또는 질병으로 인하여 장해 상태로 되어 퇴직하였을 경우

2. 퇴직 후에 퇴직 전의 공무상 부상 또는 질병으로 인하여 장해 상태로 된 경우

제29조(장해연금 또는 장해일시금의 금액) ① 장해연금의 금액은 기준소득월액에 다음 각 호의 등급에 따른 비율을 곱한 금액으로 한다.

1. 제1급: 52퍼센트
2. 제2급: 48.75퍼센트
3. 제3급: 45.5퍼센트
4. 제4급: 42.25퍼센트
5. 제5급: 39퍼센트
6. 제6급: 35.75퍼센트
7. 제7급: 32.5퍼센트
8. 제8급: 29.25퍼센트
9. 제9급: 26퍼센트
10. 제10급: 22.75퍼센트
11. 제11급: 19.5퍼센트
12. 제12급: 16.25퍼센트
13. 제13급: 13퍼센트
14. 제14급: 9.75퍼센트

② 장해연금 대신 장해일시금을 받으려는 경우에는 5년분의 장해연금에 상당하는 금액을 지급한다.

제30조(장해연금 등급의 개정 등) ① 장해연금을 받을 권리가 있는 사람의 장해의 정도가 악화되거나 호전된 경우에 본인이 청구하거나 인사혁신처장이 이를 인정하였을 때에는 그 달라진 장해의 정도에 따라 대통령령으로 정하는 바에 따라 그 장해연금의 등급을 다시 정한다.

② 장해연금을 받을 권리가 있는 사람이 대통령령으로 정하는 정도의 장해 상태에 해당되지 아니하게 되면 그 권리는 소멸한다.

제31조(둘 이상의 장해가 있는 경우의 처리) 공무원이거나 공무원이었던 사람에게 동시에 둘 이상의 장해가 있을 때에는 대통령령으로 정하는 바에 따라 그 장해를 병합처리한다.

제32조(장해연금의 지급정지) ① 장해연금의 지급정지에 관하여는 「공무원연금법」 제50조를 준용한다.

② 제1항에 따라 장해연금의 지급이 정지된 사람이 다시 퇴직한 경우에는 재퇴직 당시 대통령령으로 정하는 정도의 장해 상태에 있는 경우에만 재퇴직 당시의 기준소득월액을 기초로 하여 장해연금의 금액을 다시 정한다.

③ 제2항에 따라 장해연금의 금액을 다시 정할 경우에는 제1항에 따라 장해연금의 지급이 정지되기 전의 금액과 제2항에 따라 다시 정한 금액 중 큰 금액으로 한다. 다만, 제30조에 따라 장해연금의 등급이 개정된 경우에는 개정된 등급을 적용한 금액으로 한다.

④ 장해연금의 수급자가 요양급여를 받는 경우에는 요양이 시작된 날이 속하는 달의 다음 달부터 요양이 종료된 날이 속하는 달까지 장해연금의 지급을 정지한다.

제33조(행방불명자에 대한 장해급여 등) ① 장해급여를 받을 권리가 있는 사람이 1년 이상 행방불명된 경우에는 그의 상속인(유족의 범위에 해당하여야 한다. 이하 이 조에서 같다)이 될 사람의 청구에 의하여 그 장해급여를 그 상속인에게 지급할 수 있다.

② 제1항에 따라 상속인이 행방불명자의 장해연금을 청구한 경우에는 그 행방불명자가 이 법에 따라 장해연금을 받을 권리가 있는 때부터의 해당 장해연금을 지급하고, 장해연금을 받을 권리가 있는 때부터 3년이 지나도 행방불명된 사람의 소재가 확인되지 아니하면 그 다음 달부터 해당 장해연금액의 60퍼센트를 지급한다.

③ 제2항에 따른 급여를 지급한 후 행방불명되었던 사람이 사망한 사실이 확인된 경우에는 사망한 사실이 확인된 날이 속하는 달의 다음 달부터 그 상속인에게 장해유족연금을 지급한다. 다만, 행방불명되었던 사람의 사망한 날이 제1항에 따른 급여를 지급한 날부터 3년 이내인 경우에는 사망한 날이 속하는 달의 다음 달부터 그 3년이 되는 날이 속하는 달까지 상속인이 받을 수 있는 장해유족연금과 실제 받은 급여의 차액에 대통령령으로 정하는 이자를 가산한 금액을 인사혁신처장에게 내야 한다.

④ 행방불명되었던 사람이 생존한 사실이 확인된 경우에는 그 생존한 사실이 확인된 날이 속하는 달의 다음 달부터 그 행방불명되었던 사람에게 장해연금을 지급하여야 한다. 이 경우 제2항에 따라 장해연금액의 60퍼센트를 상속인에게 지급한 경우에는 그 지급한 기간의 급여액과 지급하여야 할 급여액의 차액에 대통령령으로 정하는 이자를 가산한 금액을 지급하여야 한다.

⑤ 제1항에 따른 상속인이 2명 이상인 경우 상속인의 순위 및 장해급여의 지급에 관하여는 제11조를 준용하고, 제2항에 따라 급여를 받는 상속인의 수급권 상실 및 이전에 관하여는 제40조를 준용한다.

제5절 간병급여

제34조(간병급여) ① 간병급여는 공무상 요양을 마친 사람 중 치유 후 의학적으로 상시로 또는 수시로 간병이 필요하여 실제로 간병을 받는 사람에게 지급한다.

② 제1항에 따른 간병급여의 지급요건 및 지급절차 등은 대통령령으로 정한다.

제6절 재해유족급여

제35조(장해유족연금) ① 장해연금을 받을 권리가 있는 사람이 사망한 경우에는 공무원이었던 사람의 유족에게 장해유족연금을 지급한다.

② 장해유족연금은 공무원이었던 사람이 받을 수 있는 장해연금액의 60퍼센트로 한다.

제36조(순직유족연금) ① 순직공무원의 유족에게 심의회의 심의를 거쳐 순직유족연금을 지급한다.

② 순직유족연금은 다음 각 호의 금액을 더한 금액으로 한다.

1. 해당 공무원의 사망 당시(퇴직 후 사망한 경우에는 퇴직 당시를 말한다. 이하 이 절에서 같다) 기준소득월액의 38퍼센트에 해당하는 금액

2. 순직공무원의 유족 1명당 해당 공무원의 사망 당시 기준소득월액의 5퍼센트에 해당하는 금액. 다만, 해당 금액의 합은 해당 공무원의 사망 당시 기준소득월액의 20퍼센트를 초과할 수 없다.

제37조(순직유족보상금) ① 순직공무원의 유족에게 심의회의 심의를 거쳐 순직유족보상금을 지급한다.

② 순직유족보상금은 공무원 전체의 기준소득월액 평균액의 24배로 한다.

제38조(위험직무순직유족연금) ① 위험직무순직공무원의 유족에게 심의회의 심의를 거쳐 위험직무순직유족연금을 지급한다.

② 위험직무순직유족연금은 다음 각 호의 금액을 더한 금액으로 한다.

1. 해당 공무원의 사망 당시 기준소득월액의 43퍼센트에 해당하는 금액

2. 위험직무순직공무원의 유족 1명당 해당 공무원의 사망 당시 기준소득월액의 5퍼센트에 해당하는 금액. 다만, 해당 금액의 합은 해당 공무원의 사망 당시 기준소득월액의 20퍼센트를 초과할 수 없다.

제39조(위험직무순직유족보상금) ① 위험직무순직공무원의 유족에게 심의회의 심의를 거쳐 위험직무순직유족보상금을 지급한다.

② 위험직무순직유족보상금은 공무원 전체의 기준소득월액 평균액의 45배로 한다.

③ 제2항에도 불구하고 제5조제1호나목에 따라 대간첩 작전 수행 중 입은 재해로 인하여 사망한 위험직무순직공무원의 유족에게 지급하는 위험직무순직유족보상금은 공무원 전체의 기준소득월액 평균액

의 60배로 한다.

제40조(장해유족연금 등의 수급권 상실 및 이전) ① 장해유족연금, 순직유족연금 또는 위험직무순직유족연금을 받을 권리가 있는 사람이 다음 각 호의 어느 하나에 해당할 때에는 그 권리를 상실한다. 〈개정 2024. 3. 19.〉

1. 사망하였을 때
2. 재혼하였을 때(사실상 혼인관계에 있는 경우를 포함한다)
3. 사망한 공무원이었던 사람과의 친족관계가 종료되었을 때
4. 대통령령으로 정하는 정도의 장해 상태에 있지 아니한 자녀 또는 손자녀가 25세가 되었을 때
5. 대통령령으로 정하는 정도의 장해 상태로 장해유족연금, 순직유족연금 또는 위험직무순직유족연금을 받고 있던 사람의 장해 상태가 해소되었을 때

② 장해유족연금, 순직유족연금 또는 위험직무순직유족연금을 받을 권리가 있는 사람이 그 권리를 상실한 경우에 같은 순위자가 있을 때에는 그 같은 순위자에게 그 권리가 이전되고, 같은 순위자가 없을 때에는 다음 순위자에게 그 권리가 이전된다.

제41조(행방불명자에게 지급할 장해유족연금 등) 장해유족연금, 순직유족연금 또는 위험직무순직유족연금을 받을 권리가 있는 사람이 1년 이상 행방불명된 경우에는 같은 순위자의 청구에 의하여 그 행방불명된 기간에 해당하는 연금을 같은 순위자에게 지급할 수 있고, 같은 순위자가 없을 때에는 다음 순위자의 청구에 의하여 그 행방불명된 기간에 해당하는 연금을 다음 순위자에게 지급할 수 있다.

제7절 부조급여

제42조(재난부조금) ① 공무원이 수재(水災)나 화재, 그 밖의 재난으로 재산에 손해를 입었을 때에는 공무원 전체의 기준소득월액 평균액의 4배의 범위에서 재난부조금을 지급한다.

② 제1항에 따른 재난으로 인한 피해의 범위 및 재난으로 인한 피해 정도별 부조금액 등은 대통령령으로 정한다.

제43조(사망조위금) ① 공무원의 배우자나 부모(배우자의 부모를 포함한다) 또는 자녀가 사망한 경우에는 그 공무원에게 사망조위금을 지급한다. 이 경우 사망조위금 지급대상이 되는 공무원이 2명 이상일 때에는 대통령령으로 정하는 1명의 공무원에게 지급하되, 부양하던 공무원이 따로 있으면 그 공무원에게 지급한다.

② 공무원이 사망한 경우에는 그 배우자에게 사망조위금을 지급하되, 배우자가 없는 경우에는 대통령령으로 정하는 바에 따라 장례를 치르고 제사를 모시는 사람에게 지급한다.

③ 제1항에 따른 사망조위금은 공무원 전체의 기준소득월액 평균액의 65퍼센트로 하고, 제2항에 따른 사망조위금은 해당 공무원의 기준소득월액의 2배로 한다.

제7절의2 건강손상자녀에 대한 급여의 특례 〈신설 2024. 3. 19.〉

제43조의2(건강손상자녀에 대한 공무상의 재해의 인정기준) 임신 중인 공무원이 공무수행 과정에서 제4조제1항제1호에 따른 공무상 부상 또는 대통령령으로 정하는 유해인자의 취급이나 노출로 인하여,

출산한 자녀에게 부상, 질병 또는 장해가 발생하거나 그 자녀가 사망한 경우 공무상 재해로 본다. 이 경우 그 출산한 자녀(이하 "건강손상자녀"라 한다)는 제3조제1항제1호에도 불구하고 이 법을 적용할 때에는 해당 공무상 재해의 사유가 발생한 당시 임신한 공무원이 소속된 기관의 공무원으로 본다.

[본조신설 2024. 3. 19.]

제43조의3(건강손상자녀에 대한 장해급여의 지급) 건강손상자녀에게는 제28조에도 불구하고 건강손상자녀가 18세가 된 이후 심의회의 심의를 거쳐 대통령령으로 정하는 장해의 정도에 따른 등급을 기준으로 장해연금 또는 장해일시금을 지급한다.

[본조신설 2024. 3. 19.]

제43조의4(건강손상자녀의 장해급여 · 사망조위금 산정기준) ① 건강손상자녀에게 지급하는 급여 중 장해급여의 지급액 산정에 관하여는 제10조제1항 및 제29조에도 불구하고 「산업재해보상보험법」 제57조 및 제91조의14를 준용한다.

② 건강손상자녀에게 지급하는 급여 중 사망조위금은 제10조제1항 및 제43조제3항에도 불구하고 제10조제2항에 따른 공무원 전체의 기준소득월액 평균액의 2배로 한다.

[본조신설 2024. 3. 19.]

제8절 급여의 제한

제44조(고의 또는 중과실 등에 의한 급여의 제한) ① 이 법에 따른 급여를 받을 수 있는 사람이 고의로 부상 · 질병 · 장해 · 사망 또는

재난을 발생하게 한 경우(제4조제2항 단서의 경우는 제외한다)에는 해당 급여를 지급하지 아니한다.

② 재해유족급여를 받을 수 있는 사람이 공무원이거나 공무원이었던 사람 또는 재해유족급여를 받고 있는 사람을 고의로 사망하게 한 경우에는 그에 대한 재해유족급여를 지급하지 아니한다. 공무원이거나 공무원이었던 사람의 사망 전에 그의 사망으로 인하여 재해유족급여를 받을 수 있는 사람이 해당 같은 순위자 또는 앞선 순위자를 고의로 사망하게 한 경우에도 또한 같다.

③ 이 법에 따른 급여를 받을 수 있는 사람이 다음 각 호의 어느 하나에 해당하면 대통령령으로 정하는 바에 따라 해당 급여의 전부 또는 일부를 지급하지 아니할 수 있다. 다만, 제2호에 해당하는 경우 요양급여·재활급여 및 간병급여는 전액을 지급한다. 〈개정 2024. 3. 19.〉

1. 고의로 부상·질병·장해의 정도를 악화되게 하거나, 회복을 방해한 경우

2. 중대한 과실에 의하여 또는 정당한 사유 없이 요양에 관한 지시에 따르지 아니하여 부상·질병·장해를 발생하게 하거나, 그 부상·질병·장해의 정도를 악화되게 하거나, 회복을 방해하거나 사망한 경우. 이 경우 중대한 과실의 범위는 총리령으로 정한다.

④ 재해유족급여를 받을 수 있는 사람 중 공무원이거나 공무원이었던 사람에 대하여 양육책임이 있었던 사람이 이를 이행하지 아니하였던 경우에는 심의회의 심의를 거쳐 양육책임을 이행하지 아니한 기간, 정도 등을 고려하여 대통령령으로 정하는 바에 따라 해당 급여의

전부 또는 일부를 지급하지 아니할 수 있다. 〈신설 2020. 12. 22.〉

제45조(진단 불응 시의 급여 제한) 인사혁신처장은 이 법에 따른 급여의 지급을 위하여 진단을 받아야 할 경우에 공무원이거나 공무원이었던 사람이 정당한 사유 없이 진단을 받지 아니할 때에는 대통령령으로 정하는 바에 따라 해당 급여의 일부를 지급하지 아니할 수 있다.

제3장 재해예방 및 재활·직무복귀 지원

제46조(재해예방) ① 국가 및 지방자치단체는 소속 공무원이 안심하고 직무에 전념함으로써 국민 전체의 봉사자로서 역할을 성실히 수행할 수 있는 여건을 조성하기 위하여 공무상 재해의 예방(이하 이 조에서 "재해예방"이라 한다)을 위한 다음 각 호의 시책을 수립·추진할 수 있다.

1. 재해예방을 위한 교육 및 홍보
2. 재해예방을 위한 관리 기준의 마련
3. 재해예방을 위한 근무환경 개선
4. 그 밖에 재해예방을 위하여 필요한 사항

② 인사혁신처장은 재해예방 관련 시책을 종합적·체계적으로 지원하기 위하여 다음 각 호의 사업을 실시할 수 있다.

1. 재해예방 교육 프로그램의 개발·보급
2. 공무상 재해에 관한 실태조사 및 재해예방에 관한 연구
3. 재해예방을 위한 시설·장비의 안전 점검 및 컨설팅
4. 재해예방을 위한 건강진단 및 상담

5. 재해예방 관련 홍보 및 국내외 교류·협력

6. 그 밖에 재해예방을 위하여 대통령령으로 정하는 사항

제47조(재활 및 직무복귀 지원 등) ① 국가 및 지방자치단체는 공무상 재해를 입은 소속 공무원의 재활 및 직무복귀를 촉진하고, 그 유족을 지원하기 위하여 필요한 노력을 하여야 한다.

② 인사혁신처장은 공무상 재해를 입은 공무원의 재활 및 직무복귀를 촉진하고, 그 유족을 지원하기 위하여 다음 각 호의 사업을 실시할 수 있다.

1. 재활 및 직무복귀 관련 프로그램의 개발·보급

2. 재활 및 직무복귀 지원 기준의 마련

3. 재활 및 직무복귀 관련 정보의 수집·제공 및 조사·연구

4. 공무상 재해를 입은 공무원의 유족을 위한 심리상담

5. 그 밖에 대통령령으로 정하는 사항

제4장 비용부담

제48조(비용부담의 원칙) ① 국가 및 지방자치단체는 이 법에 따른 급여에 드는 비용을 부담한다.

② 국가 및 지방자치단체는 회계연도마다 예산의 범위에서 이 법에 따른 재해예방사업 및 재활·직무복귀 지원 사업에 드는 비용을 지원할 수 있다.

제49조(재해보상부담금) ① 국가 및 지방자치단체가 제48조제1항에 따라 부담하는 비용(지방자치단체 공무원의 재난부조금 및 사망조위금의 지급에 드는 비용은 제외한다. 이하 "재해보상부담금"이라 한

다)은 재해발생률, 부담하는 비용의 범위 등을 고려하여 대통령령으로 정하는 바에 따라 산정한 금액으로 한다.

② 국가 및 지방자치단체가 부담하는 재해보상부담금은 공단에 내야 한다. 이 경우 재해보상부담금의 납입절차, 정산 및 징수 등에 관하여는 「공무원연금법」 제71조제2항부터 제7항까지를 준용하되, "연금부담금등"은 "재해보상부담금"으로 본다.

③ 재해보상부담금으로 이 법에 따른 급여(지방자치단체 공무원에게 지급되는 재난부조금과 사망조위금은 제외한다)에 드는 비용의 지출을 충당할 수 없을 때에는 「공무원연금법」에 따른 공무원연금기금에서 일시 차입할 수 있다. 이 경우 일시 차입금은 대통령령으로 정하는 바에 따라 이자를 가산하여 다음다음 회계연도 말까지 상환하여야 한다.

제50조(공무원연금액의 이체) 인사혁신처장은 순직공무원 또는 위험직무순직공무원의 유족이 제20조제1항 또는 제2항에 따라 순직유족연금 또는 위험직무순직유족연금을 선택하여 퇴직유족연금, 퇴직유족연금일시금 또는 퇴직유족일시금을 지급하지 아니한 경우 그 지급하지 아니한 금액은 다음다음 회계연도의 재해보상부담금 재원으로 이체하여야 한다. 이 경우 순직공무원 또는 위험직무순직공무원의 유족이 순직유족연금 또는 위험직무순직유족연금을 받는 경우로서 퇴직유족연금을 받을 권리가 있을 때에는 퇴직유족연금은 그에 상응하는 퇴직유족연금일시금을 받은 것으로 보아 이체할 금액을 산정한다.

제5장 심사의 청구

제51조(심사의 청구) ① 급여에 관한 결정, 그 밖에 이 법에 따른 급여 등에 관하여 이의가 있는 사람은 대통령령으로 정하는 바에 따라 제52조에 따른 공무원재해보상연금위원회에 심사를 청구할 수 있다.

② 제1항의 심사 청구는 그 결정 등이 있었던 날부터 180일, 그 사실을 안 날부터 90일 이내에 하여야 한다. 다만, 그 기간 내에 정당한 사유가 있어 심사 청구를 할 수 없었던 것을 증명한 경우는 예외로 한다.

③ 제1항과 제2항에서 규정한 사항 외에 심사 청구에 필요한 사항은 대통령령으로 정한다.

④ 급여에 관한 결정, 그 밖에 이 법에 따른 급여 등에 관하여는 「행정심판법」에 따른 행정심판을 청구할 수 없다.

제52조(공무원재해보상연금위원회) ① 다음 각 호의 사항을 심사하기 위하여 국무총리 소속으로 공무원재해보상연금위원회(이하 "위원회"라 한다)를 둔다.

1. 제51조에 따른 심사 청구에 관한 사항
2. 다른 법률에서 위원회의 심사 사항으로 정한 사항

② 위원회는 심사 관련 법령 및 제도의 개선이 필요하다고 인정하는 경우에는 인사혁신처장에게 의견을 제출하거나 개선 권고를 할 수 있다.

③ 위원회는 위원회의 업무 수행을 위하여 필요한 경우 관계 행정기관, 지방자치단체 및 공공기관에 소속 공무원 및 임직원의 파견

을 요청할 수 있다.

④ 위원회의 업무를 지원·처리하기 위하여 위원회에 사무기구를 둔다.

⑤ 위원회는 심사 업무의 전문성을 강화하고, 심사와 관련된 조사·연구 등의 업무를 수행하기 위하여 필요한 전문 인력을 둘 수 있다.

⑥ 제4항 및 제5항에 따른 사무기구의 조직 및 운영, 전문 인력의 자격 등에 필요한 사항은 대통령령으로 정한다.

제53조(위원회의 구성 등) ① 위원회는 위원장 1명을 포함한 50명 이내의 위원으로 구성하고, 위원 중 1명은 상임으로 한다.

② 위원회의 위원장 및 상임위원은 제3항 각 호의 어느 하나에 해당하는 사람 중에서 인사혁신처장의 제청에 따라 대통령이 임명 또는 위촉한다. 이 경우 상임위원은 제52조제4항에 따른 사무기구의 장을 겸임한다.

③ 위원회의 당연직 위원은 기획재정부, 행정안전부, 국가보훈부, 고용노동부 및 인사혁신처의 고위공무원단에 속하거나 이에 상당하는 공무원으로서 재해보상·연금·복지 또는 복무 관련 업무를 담당하는 공무원 중에서 해당 기관의 장이 지명하는 사람으로 하고, 당연직 위원이 아닌 위원은 다음 각 호의 어느 하나에 해당하는 사람 중에서 대통령이 임명 또는 위촉한다. 〈개정 2023. 3. 4.〉

1. 재해보상·연금·복지·복무 등의 인사행정 또는 사회보장 관련 업무에 종사하거나 종사한 경험이 있는 사람 중에서 고위공무원단에 속하는 공무원 또는 이에 상당하는 공무원으로 재직하고 있거

나 재직하였던 사람

2. 판사, 검사 또는 변호사로 재직하고 있거나 재직하였던 사람

3. 「의료법」 제2조에 따른 의료인

4. 그 밖에 재해보상 · 연금 · 복지 · 복무 등 인사행정 또는 사회보장 관련 업무에 관한 학식과 경험이 풍부한 사람

④ 위원장과 위원의 임기는 3년으로 하되, 대통령령으로 정하는 바에 따라 연임할 수 있다. 다만, 당연직 위원은 그 직에 있는 동안 재임한다.

⑤ 위원회의 회의는 위원장, 상임위원 및 위원장이 회의 시마다 지정하는 위원을 포함하여 11명 이상 15명 이하로 구성한다.

⑥ 위원회는 심사를 위하여 필요한 경우 다음 각 호의 조치를 할 수 있다.

1. 심사 청구인 또는 그 청구인이 지정하는 사람, 관계 공무원 및 그 밖의 이해관계인 등에 대한 출석 요구 및 의견 청취

2. 관계 공무원 또는 그 밖에 급여에 관련된 사람 · 기관 등에 대한 자료 제출 요구

⑦ 제1항부터 제6항까지에서 규정한 사항 외에 위원회의 조직 및 운영에 필요한 사항은 대통령령으로 정한다.

제6장 보칙

제54조(시효) ① 이 법에 따른 급여를 받을 권리는 그 급여의 사유가 발생한 날부터 요양급여 · 재활급여 · 간병급여 · 부조급여는 3년간, 그 밖의 급여는 5년간 행사하지 아니하면 시효로 인하여 소멸한다.

② 이 법에 따른 환수금 및 그 밖의 징수금을 환수하거나 징수할 인사혁신처장 및 지방자치단체의 장의 권리는 환수 및 징수 사유가 발생한 날부터 5년간 행사하지 아니하면 시효로 인하여 소멸한다.

③ 이 법에 따른 환수금 및 그 밖의 징수금의 납입 고지 및 독촉과 급여의 지급 또는 과납금 등의 반환 청구는 소멸시효 중단의 효력을 가진다.

④ 제3항에 따라 중단된 소멸시효는 납입의 고지 또는 독촉에 따른 납입기간이 지난 때부터 새로 진행한다.

⑤ 이 법에 따른 급여의 결정에 대하여 소를 제기하여 승소한 경우에 그에 관련되는 급여를 받을 권리는 그 판결이 확정된 날부터 요양급여 · 재활급여 · 간병급여 · 부조급여는 3년간, 그 밖의 급여는 5년간 행사하지 아니하면 시효로 인하여 소멸한다.

제55조(효력발생기간) 이 법에 따른 급여 또는 심사 청구, 신고 등에 관한 기간을 계산할 때에 그 서류가 우편 발송된 경우 우송에 걸린 일수는 그 기간에 산입(算入)하지 아니한다.

제56조(기관장의 확인) ① 기관장은 이 법에 따른 급여사유의 발생에 필요한 이력사항과 그 밖에 공무원이거나 공무원이었던 사람의 신분에 관한 사항을 확인하여야 한다.

② 기관장은 제1항에 따른 확인사무를 집행하기 위하여 필요하면 공무원이거나 공무원이었던 사람, 그 밖의 관계인에게 자료의 제출 또는 의견 진술을 요구할 수 있다.

제57조(조사 · 보고 등) ① 인사혁신처장(제61조에 따라 업무를 위탁받은 자를 포함한다. 이하 이 조 및 제58조에서 같다)은 이 법에 따

른 급여와 그 밖에 재해보상제도를 적정하게 운영하기 위하여 필요하다고 인정할 때에는 급여를 받을 권리가 있는 사람, 기관장, 요양기관의 장 및 그 밖의 관계자에게 다음 각 호의 사항을 요구할 수 있다.

1. 필요한 보고 · 통보
2. 장부, 서류, 그 밖의 물건 제시 · 제출
3. 일정한 장소에의 출석과 의견 진술 또는 설명

② 인사혁신처장은 이 법에 따른 급여를 적정하게 운영하기 위하여 필요하다고 인정할 때에는 소속 공무원(제61조에 따라 업무를 위탁한 경우 수탁자의 직원을 포함한다. 이하 이 조에서 같다)으로 하여금 관련 장소에 출입하여 장부, 서류 또는 그 밖의 물건을 조사하거나 관계인에게 필요한 질문을 하게 할 수 있다.

③ 제2항에 따라 출입 · 조사 · 질문을 할 때에는 해당 공무원은 그 권한을 표시하는 증표를 관계인에게 보여 주어야 한다.

④ 제1항의 경우에 급여를 받을 권리가 있는 사람이 정당한 사유 없이 요구에 응하지 아니할 때에는 응할 때까지 급여의 지급을 중지할 수 있다.

제57조의2(역학조사) ① 인사혁신처장은 공무상 질병의 발생 원인을 규명하기 위하여 필요하다고 인정할 때에는 공무원이거나 공무원이었던 사람의 질병과 근무환경의 상관관계에 관한 역학조사(이하 "역학조사"라 한다)를 할 수 있다. 이 경우 해당 공무상 질병에 대하여 요양급여나 재해유족급여를 청구한 사람 또는 해당 공무원이 소속되어 있거나 소속되었던 기관장의 요구가 있으면 다음 각 호의 사람

을 총리령으로 정하는 바에 따라 역학조사에 참석하게 할 수 있다.

1. 해당 질병에 대하여 요양급여나 재해유족급여를 청구한 사람의 요구가 있는 경우: 그 요구를 한 사람

2. 해당 공무원이 소속되어 있거나 소속되었던 기관장의 요구가 있는 경우: 그 기관의 소속 공무원 중에서 기관장이 지명하는 사람

② 제1항에 따른 기관장 및 그 기관의 소속 공무원은 인사혁신처장이 역학조사를 실시하는 경우 적극 협조하여야 하며, 정당한 사유 없이 역학조사를 거부·방해하거나 기피하여서는 아니 된다.

③ 누구든지 제1항 후단에 따라 역학조사 참석이 허용된 사람의 역학조사 참석을 거부하거나 방해하여서는 아니 된다.

④ 제1항에 따라 역학조사를 하거나 역학조사에 참석하는 자는 역학조사 과정에서 알게 된 비밀을 누설하거나 도용하여서는 아니 된다. 다만, 공무원의 건강장해를 예방하기 위하여 인사혁신처장이 필요하다고 인정하는 경우에는 그러하지 아니하다.

⑤ 인사혁신처장은 역학조사에 필요하면 관계 기관의 장에게 다음 각 호의 정보 또는 자료의 제출을 요청할 수 있다. 이 경우 자료의 제출을 요청받은 기관의 장은 특별한 사유가 없으면 이에 따라야 한다.

1. 「국민건강보험법」 제41조에 따른 요양급여 내역(역학조사 관련 질병으로 한정한다) 및 같은 법 제52조제1항에 따른 건강검진 결과

2. 「경찰공무원 보건안전 및 복지 기본법」 제8조제1항 및 제8조의2제1항·제2항에 따른 건강검진 및 특수건강진단·정밀건강진단 결과

3. 「산업안전보건법」 제129조제1항, 제130조제1항 및 제131조제1항에 따른 일반건강진단, 특수건강진단 및 임시건강진단 결과

4. 「소방공무원 보건안전 및 복지 기본법」 제16조제1항 및 제2항에 따른 특수건강진단 및 정밀건강진단 결과

5. 「암관리법」 제14조에 따른 암등록통계사업 및 같은 법 제15조에 따른 암정보사업에 관한 자료

6. 그 밖에 대통령령으로 정하는 역학조사에 필요한 정보 또는 자료

⑥ 제1항부터 제5항까지에서 규정한 사항 외에 역학조사의 방법·대상·절차, 그 밖에 필요한 사항은 총리령으로 정한다.

[본조신설 2024. 3. 19.]

제58조(자료제공의 요청) ① 인사혁신처장은 국가기관, 지방자치단체, 요양기관, 「사립학교교직원 연금법」에 따른 사립학교교직원연금공단(이하 이 조에서 "사립학교교직원연금공단"이라 한다), 「국민연금법」에 따른 국민연금공단(이하 이 조에서 "국민연금공단"이라 한다) 및 그 밖에 대통령령으로 정하는 기관·법인·단체의 장에게 급여의 결정·지급 및 제3자에 대한 손해배상청구권의 행사 등 공무원 재해보상 업무와 관련하여 필요한 자료로서 주민등록·가족관계등록·국세·지방세·토지·건물·건강보험·장애인등록 및 그 밖에 대통령령으로 정하는 자료를 요청할 수 있다. 이 경우 자료 제공을 요청받은 국가기관, 지방자치단체, 요양기관, 사립학교교직원연금공단, 국민연금공단 또는 기관·법인·단체의 장은 특별한 사유가 없으면 요청에 따라야 한다.

② 제1항에 따라 인사혁신처장이 제공받는 자료에 대해서는 사용료·수수료 등을 면제한다.

제59조(보훈 등 예우) ① 순직공무원과 그 유족에 대해서는 다음 각 호에 따른 예우를 할 수 있다.

1. 「국가유공자 등 예우 및 지원에 관한 법률」 제4조제1항제14호에 따른 순직공무원과 그 유족에 대한 예우

2. 「보훈보상대상자 지원에 관한 법률」 제2조제1항제3호에 따른 재해사망공무원과 그 유족에 대한 예우

② 위험직무순직공무원과 그 유족에 대해서는 다음 각 호에 따른 예우를 할 수 있다.

1. 「국가유공자 등 예우 및 지원에 관한 법률」 제4조제1항제5호에 따른 순직군경과 그 유족에 대한 예우

2. 「국가유공자 등 예우 및 지원에 관한 법률」 제4조제1항제14호에 따른 순직공무원과 그 유족에 대한 예우

3. 「보훈보상대상자 지원에 관한 법률」 제2조제1항제1호에 따른 재해사망군경과 그 유족에 대한 예우

4. 「보훈보상대상자 지원에 관한 법률」 제2조제1항제3호에 따른 재해사망공무원과 그 유족에 대한 예우

③ 제2항에도 불구하고 다른 법률에서 다음 각 호의 어느 하나에 해당하는 예우를 받도록 규정되어 있는 사람에 대해서는 그 법률에 따른다.

1. 「국가유공자 등 예우 및 지원에 관한 법률」 제4조제1항제3호에 따른 전몰군경 및 그 유족에 대한 예우

2. 「국가유공자 등 예우 및 지원에 관한 법률」 제4조제1항제5호에 따른 순직군경 및 그 유족에 대한 예우

3. 「보훈보상대상자 지원에 관한 법률」 제2조제1항제1호에 따른 재해사망군경과 그 유족에 대한 예우

④ 제1항 및 제2항에 따라 예우를 받을 사람의 등록 및 결정은 「국가유공자 등 예우 및 지원에 관한 법률」 또는 「보훈보상대상자 지원에 관한 법률」에서 정하는 바에 따른다.

⑤ 국가 또는 지방자치단체는 대통령령으로 정하는 바에 따라 순직공무원·위험직무순직공무원에 대한 예우와 그 유족을 위한 지원을 할 수 있다. 이 경우 그 예우 및 지원에 드는 비용은 국가 또는 지방자치단체가 부담한다.

제60조(공무수행사망자에 대한 특례) ① 공무수행사망자는 순직공무원 또는 위험직무순직공무원의 인정과 이에 따른 급여(사망조위금은 제외한다) 및 예우 등(이하 "순직유족급여 또는 위험직무순직유족급여에 관한 규정"이라 한다)을 적용할 때에는 제3조제1항제1호에도 불구하고 이 법에 따른 공무원으로 본다.

② 공무수행사망자에 대해서는 「산업재해보상보험법」등의 규정과 이 법의 순직유족급여 또는 위험직무순직유족급여에 관한 규정을 각각 적용한다. 다만, 이 법의 순직유족급여 또는 위험직무순직유족급여에 관한 규정은 「산업재해보상보험법」등에 따른 재해보상이 되는 사망이라고 인정받은 경우에 한정하여 적용한다.

③ 공무수행사망자의 인정과 공무수행사망자로서 순직공무원 또는 위험직무순직공무원의 인정을 받으려면 「산업재해보상보험법」등에

따른 재해보상이 되는 사망의 인정 관련 서류 등을 첨부하여 사망자의 사망 당시(부상 또는 질병으로 사망한 경우에는 그 부상 또는 질병 발생 당시를 말한다. 이하 이 항에서 같다) 소속 기관장(소속 기관장이 없는 경우는 해당 사망자가 사망 당시 공무를 수행하였던 국가기관 또는 지방자치단체의 장을 말한다)의 확인을 받아 인사혁신처장에게 순직유족급여 또는 위험직무순직유족급여를 청구하여야 한다.

④ 공무수행사망자로서 순직공무원으로 인정된 경우에는 제2항에도 불구하고 순직유족급여는 지급하지 아니한다.

⑤ 공무수행사망자로서 위험직무순직공무원으로 인정된 경우에는 제2항에도 불구하고 위험직무순직유족연금은 지급하지 아니한다. 다만, 제20조제5항 본문에도 불구하고 위험직무순직유족보상금은 「산업재해보상보험법」등에 따른 보상이나 배상을 지급하는 경우에도 이를 빼지 아니하고 지급한다.

⑥ 제3항에 따른 순직유족급여 또는 위험직무순직유족급여의 경우에는 제54조제1항에도 불구하고 「산업재해보상보험법」등에 따른 재해보상이 되는 사망을 사유로 유족급여 등을 청구한 날부터 그 급여의 지급 결정(행정심판, 행정소송 그 밖의 불복절차에 따라 지급 결정된 경우를 포함한다)이 있는 날까지는 시효가 진행되지 아니한다.

⑦ 제1항부터 제6항까지에서 규정한 사항 외에 공무수행사망자의 인정 등에 필요한 사항은 대통령령으로 정한다.

제61조(업무의 위탁) ① 인사혁신처장은 이 법에 따른 업무 중 다음

각 호의 사항은 공단에 위탁한다.

1. 급여 및 심사의 청구에 따른 접수

2. 재활급여, 간병급여, 장해유족연금 또는 부조급여(지방자치단체 소속 공무원이 아닌 경우만 해당한다)에 대한 결정

3. 급여의 지급

4. 제16조에 따른 급여의 환수 및 결손처분·체납처분

5. 제21조제1항에 따른 제3자에 대한 손해배상청구권의 행사

6. 제22조제2항에 따른 요양기간의 연장

7. 제25조에 따른 요양급여의 산정

8. 제40조에 따른 장해유족연금 등의 수급권 상실 및 이전에 관한 사항

9. 제49조에 따른 재해보상부담금의 산정·정산 및 징수관리 등에 관한 사항

10. 그 밖에 대통령령으로 정하는 사항

② 제1항제4호에 따라 공단이 체납처분을 하는 경우에는 인사혁신처장의 승인을 받아야 한다. 이 경우 공단의 임직원은 공무원으로 본다.

③ 인사혁신처장은 제46조제2항에 따른 재해예방사업과 제47조제2항에 따른 재활 및 직무복귀 지원 사업의 전부 또는 일부를 공단에 위탁할 수 있다.

④ 인사혁신처장은 제1항 또는 제3항에 따라 그 업무를 위탁할 때에는 예산의 범위에서 필요한 비용을 보조할 수 있다.

⑤ 인사혁신처장은 제1항 또는 제3항에 따라 공단에 위탁한 업무

와 관련하여 공단으로부터 보고를 받거나 업무 처리 사항을 검사하는 등 감독상 필요한 조치를 할 수 있다.

⑥ 공단은 제1항 또는 제3항에 따라 위탁받은 업무의 일부를 인사혁신처장의 승인을 받아 체신관서, 지방자치단체, 금융회사 또는 「공공기관의 운영에 관한 법률」 제4조에 따른 공공기관, 그 밖의 자에게 재위탁할 수 있다. 이 경우 재위탁업무의 범위, 재위탁대상자, 재위탁비용지급 등 필요한 사항은 대통령령으로 정한다.

제62조(벌칙 적용에서 공무원 의제) 다음 각 호의 어느 하나에 해당하는 사람 중 공무원이 아닌 사람은 그 업무에 관하여 「형법」 제129조부터 제132조까지의 규정을 적용할 때에는 공무원으로 본다.

1. 심의회의 위원
2. 위원회의 위원
3. 제61조에 따라 인사혁신처장이 위탁한 업무(제61조제6항에 따라 재위탁한 업무를 포함한다)에 종사하는 기관 등의 임직원

제7장 벌칙

제62조의2(벌칙) 제57조의2제4항을 위반하여 비밀을 누설하거나 도용한 자는 1년 이하의 징역 또는 1천만원 이하의 벌금에 처한다.

[본조신설 2024. 3. 19.]

제63조(과태료) ① 공단의 임직원이 제61조제5항에 따른 조치를 위반하는 행위를 하거나 검사를 거부·방해 또는 기피하면 500만원 이하의 과태료를 부과한다. 〈개정 2024. 3. 19.〉

② 다음 각 호의 어느 하나에 해당하는 자에게는 300만원 이하의

과태료를 부과한다. 〈개정 2024. 3. 19.〉

1. 제57조제1항 각 호에 따른 조치를 하지 아니하거나 거짓으로 해당 조치를 한 자

2. 제57조제2항에 따른 출입·조사·질문을 거부·방해 또는 기피한 자

3. 제57조의2제2항을 위반하여 정당한 사유 없이 역학조사를 거부·방해하거나 기피한 자

4. 제57조의2제3항을 위반하여 역학조사 참석이 허용된 사람의 역학조사 참석을 거부하거나 방해한 자

③ 제1항과 제2항에 따른 과태료는 인사혁신처장이 부과·징수한다.

부칙 〈제15522호, 2018. 3. 20.〉

제1조(시행일) 이 법은 공포 후 6개월이 경과한 날부터 시행한다. 다만, 제5조(위험직무순직공무원의 요건에 관한 내용만 해당한다), 제10조제2항(순직유족연금 및 위험직무순직유족연금의 급여액을 산정하는 경우만 해당한다), 제36조제2항, 제37조제2항, 제38조제2항, 제39조제2항·제3항 및 부칙 제10조는 공포한 날부터 시행한다.

제2조(급여액 산정의 기초에 관한 적용례) ① 부칙 제13조에도 불구하고 제10조제2항 중 최저 보상기준 금액에 관한 규정은 부칙 제1조 단서에 따른 시행일 전에 사망하여 순직유족연금 또는 위험직무순직유족연금의 급여 사유가 발생한 사람[종전의 「공무원연금법」(법

률 제15523호로 전부개정되기 전의 것을 말한다. 이하 같다) 제56조제1항제3호 및 제4항에 따라 순직유족연금 또는 위험직무순직유족연금을 지급받고 있는 사람을 포함한다]에게도 적용한다.

② 제1항에 따른 급여액은 부칙 제1조 단서에 따른 시행일 이후 도래하는 급여 지급일부터 적용한다.

제3조(다른 법령에 따른 급여와의 조정에 관한 적용례) 제20조제6항 중 「별정우체국법」에 따른 퇴직연금·조기퇴직연금의 수급자에 관한 규정은 이 법 시행 후 이 법에 따른 순직유족연금 또는 장해유족연금의 급여사유가 발생하여 함께 받게 된 경우부터 적용한다.

제4조(재활급여 지급에 관한 적용례) ① 부칙 제13조에도 불구하고 제26조 및 제27조는 이 법 시행 전에 종전의 「공무원연금법」 제35조에 따라 공무상 요양 결정을 받은 사람에게도 적용한다.

② 제1항에 따른 급여액은 이 법 시행 후 재활운동을 하거나 심리상담을 받는 경우부터 적용한다.

제5조(간병급여 지급에 관한 적용례) ① 부칙 제13조에도 불구하고 제34조는 이 법 시행 전에 종전의 「공무원연금법」 제35조에 따라 공무상 요양 결정을 받은 사람에게도 적용한다.

② 제1항에 따른 급여액은 이 법 시행 후 간병을 받는 경우부터 적용한다.

제6조(순직유족연금의 지급액에 관한 적용례) ① 부칙 제13조에도 불구하고 제36조제2항은 부칙 제1조 단서에 따른 시행일 전에 순직유족연금의 급여 사유가 발생한 사람(종전의 「공무원연금법」 제56조제1항제3호에 따라 순직유족연금을 지급받고 있는 사람을 포함한다)

에게도 적용한다.

② 제1항에 따른 급여액은 부칙 제1조 단서에 따른 시행일 이후 도래하는 급여 지급일부터 적용한다.

제7조(위험직무순직유족연금의 지급액에 관한 적용례) ① 부칙 제13조에도 불구하고 제38조제2항은 부칙 제1조 단서에 따른 시행일 전에 위험직무순직유족연금의 급여 사유가 발생한 사람(종전의 「공무원연금법」 제56조제4항에 따라 위험직무순직유족연금을 지급받고 있는 사람을 포함한다)에게도 적용한다.

② 제1항에 따른 급여액은 부칙 제1조 단서에 따른 시행일 이후 도래하는 급여 지급일부터 적용한다.

제8조(보훈 등 예우에 관한 적용례) 제59조(공무수행사망자의 경우는 제외한다)에 따른 보훈 등 예우에 관해서는 이 법 시행 후 사망한 사람부터 적용한다.

제9조(공무수행사망자에 대한 특례에 관한 적용례) 제3조제1항제2호, 제59조(공무수행사망자의 경우에 한정한다. 이하 이 조에서 같다) 제1항부터 제4항까지 및 제60조는 2017년 6월 30일 이후 직무를 수행하다 발생한 재해로 사망한 사람부터 적용하고, 제59조제5항은 이 법 시행 후 사망한 사람부터 적용한다.

제10조(위험직무순직공무원의 급여사유의 확인 등에 관한 특례) 부칙 제1조 단서에 따른 시행일부터 부칙 제1조 본문에 따른 시행일 전까지는 종전의 「공무원연금법」 제3조제1항제2호, 제56조, 제57조 및 제61조에도 불구하고 위험직무순직공무원의 요건, 순직유족급여와 위험직무순직유족급여의 지급액 산정에 관하여는 제5조, 제10조

제2항 및 제36조부터 제39조까지의 규정을 적용한다. 이 경우 그 밖의 사항은 종전의 「공무원연금법」을 적용한다.

[시행일:2018. 3. 20.] 제10조

제11조(연금액 조정에 관한 특례) 이 법 시행일부터 2020년 12월 31일까지는 제14조를 적용하지 아니한다.

제12조(공무원에 관한 경과조치) 이 법 시행 전의 종전의 「공무원연금법」 제3조제1항제1호가목 및 나목에 따른 공무원은 이 법 제3조제1항제1호에 따른 공무원으로 본다.

제13조(급여사유발생에 관한 경과조치) ① 이 법 시행 전에 급여의 사유가 발생한 사람에 대한 급여에 관하여는 종전의 「공무원연금법」에 따른다.

② 제1항에도 불구하고 법률 제13387호 공무원연금법 일부개정법률 제56조제1항제3호 및 제61조제1항의 개정규정은 같은 법 시행일인 2016년 1월 1일 이후 사망한 사람부터 적용한다.

③ 제1항에도 불구하고 법률 제3586호 공무원연금법개정법률 시행일인 1983년 1월 1일 전에 급여의 사유가 발생한 사람에 대한 급여에 관하여는 같은 법으로 개정되기 전의 규정에 따른다.

④ 제1항에도 불구하고 법률 제3735호 공무원연금법중개정법률 시행일인 1985년 1월 1일 전에 급여의 사유가 발생한 사람에 대한 급여에 관하여는 같은 법으로 개정되기 전의 규정에 따른다.

⑤ 제1항에도 불구하고 법률 제3964호 공무원연금법개정법률 시행일인 1988년 1월 1일 전에 급여의 사유가 발생한 사람에 대한 급여에 관하여는 같은 법으로 개정되기 전의 규정에 따른다. 다만,

같은 법 제57조제1항에 따른 유족연금은 그러하지 아니하다.

⑥ 제1항에도 불구하고 법률 제4033호 공무원연금법개정법률 시행일인 1988년 12월 29일 전에 급여의 사유가 발생한 사람에 대한 급여에 관하여는 같은 법으로 개정되기 전의 규정에 따른다.

⑦ 제1항에도 불구하고 법률 제4334호 공무원연금법개정법률 시행일인 1991년 10월 1일 전에 급여의 사유가 발생한 사람에 대한 급여에 관하여는 같은 법으로 개정되기 전의 규정에 따른다.

⑧ 제1항에도 불구하고 법률 제5117호 공무원연금법개정법률 시행일인 1996년 1월 1일[같은 법 제47조(같은 법 제55조제1항에서 준용하고 있는 경우를 포함한다)의 개정규정은 2000년 1월 1일을 말한다] 전에 급여 사유가 발생한 사람에 대한 급여에 관하여는 같은 법으로 개정되기 전의 규정에 따른다.

⑨ 제1항에도 불구하고 법률 제6328호 공무원연금법개정법률 시행일인 2001년 1월 1일(같은 법 제26조제1항, 제38조, 제63조, 제69조제8항 및 제69조의3의 개정규정은 2002년 1월 1일을 말한다) 전에 급여 사유가 발생한 사람에 대한 급여에 관하여는 같은 법으로 개정되기 전의 규정에 따른다.

⑩ 제1항에도 불구하고 법률 제7543호 공무원연금법 일부개정법률 시행일인 2005년 7월 1일 전에 급여 사유가 발생한 사람에 대한 급여에 관하여는 같은 법으로 개정되기 전의 규정에 따른다. 다만, 같은 법 제47조(같은 법 제55조제1항에서 준용하는 경우를 포함한다)의 개정규정은 같은 규정의 시행일인 2005년 7월 1일 전에 급여 사유가 발행한 사람에 대해서도 이를 적용한다.

⑪ 제1항에도 불구하고 법률 제9905호 공무원연금법 일부개정법률 시행일인 2010년 1월 1일 전에 급여 사유가 발생한 사람에 대한 급여에 관하여는 같은 법으로 개정되기 전의 규정에 따른다. 다만, 같은 법 제47조제2항(같은 법 제55조제1항에서 준용하는 경우를 포함한다)의 개정규정은 같은 법 시행일인 2010년 1월 1일 전에 급여의 사유가 발생한 사람에 대해서도 적용한다.

⑫ 제1항에도 불구하고 법률 제13387호 공무원연금법 일부개정법률 시행일인 2016년 1월 1일 전에 급여 사유가 발생한 사람에 대한 급여에 관하여는 같은 법으로 개정되기 전의 규정에 따른다. 다만, 같은 법 제47조(같은 법 제55조제1항에서 준용하고 있는 경우를 포함한다)의 개정규정 및 같은 법 부칙 제5조는 2016년 1월 1일 전에 급여 사유가 발생한 사람에 대해서도 적용한다.

제14조(처분 등에 관한 일반적 경과조치) ① 공무상 재해에 관한 급여(부조급여를 포함한다)와 관련하여 이 법 시행 당시 종전의 「공무원연금법」에 따라 인사혁신처장, 지방자치단체의 장, 공무원연금공단, 기관장, 공무원연금급여심의회, 위험직무순직보상심사위원회 및 공무원연금급여 재심위원회(이하 "인사혁신처장 등"이라 한다)에 한 행위와 인사혁신처장 등이 한 행위(법률 제3735호 공무원연금법개정법률 시행일인 1985년 1월 1일 전에 종전의 공무원연금급여심사위원회가 행한 행위나 같은 위원회에 대한 행위를 포함한다)는 이 법에 따라 인사혁신처장, 지방자치단체의 장, 공무원연금공단, 기관장, 공무원재해보상심의회 및 공무원재해보상연금위원회에 한 행위 또는 인사혁신처장, 지방자치단체의 장, 공무원연금공단, 기관장, 공

무원재해보상심의회 및 공무원재해보상연금위원회가 한 행위로 본다.

②「행정소송법」 제13조제1항 단서에도 불구하고 종전의 「공무원연금법」에 따라 공무원연금공단이 한 처분 등에 대한 행정소송은 공무원연금공단을 피고로 한다.

제15조(급여 및 급여수급자에 관한 경과조치) 이 법 시행 전에 다음 표의 왼쪽 란에 기재된 급여 및 해당 급여의 수급자는 각각 같은 표의 오른쪽 란에 기재된 급여 및 해당 급여의 수급자로 본다.

종전의 「공무원연금법」 제34조제1호에 따른 공무상요양비	제8조제1호에 따른 요양급여
종전의 「공무원연금법」 제34조제3호에 따른 재해부조금	제8조제6호가목에 따른 재난부조금
종전의 「공무원연금법」 제34조제4호에 따른 사망조위금	제8조제6호나목에 따른 사망조위금
종전의 「공무원연금법」 제42조제2호에 따른 장해급여	제8조제3호에 따른 장해급여
종전의 「공무원연금법」 제42조제2호가목 및 제51조제1호에 따른 장해연금	제8조제3호가목에 따른 장해연금
종전의 「공무원연금법」 제42조제2호나목 및 제51조제1호에 따른 장해보상금	제8조제3호나목에 따른 장해일시금
종전의 「공무원연금법」 제42조제3호에 따른 유족급여(같은 호 나목부터 마목까지의 급여를 제외한다)	제8조제5호에 따른 재해유족급여
종전의 「공무원연금법」 제42조제3호가목 및 제56조제1항제2호에 따른 유족연금	제8조제5호가목에 따른 장해유족연금
종전의 「공무원연금법」 제42조제3호가목 및 제56조제1항제3호에 따른 유족연금	제8조제5호나목1)에 따른 순직유족연금
종전의 「공무원연금법」 제42조제3호바목에 따른 순직유족보상금	제8조제5호나목2)에 따른 순직유족보상금
종전의 「공무원연금법」 제42조제3호사목에 따른 위험직무순직유족연금	제8조제5호다목1)에 따른 위험직무순직유족연금

종전의 「공무원연금법」 제42조제3호마목에 따른 위험직무순직유족보상금	제8조제5호다목2)에 따른 위험직무순직유족보상금

제16조(위험직무순직공무원의 요건에 관한 경과조치) 부칙 제1조 단서에 따른 시행일 전의 위험직무순직공무원의 요건에 관하여는 제5조에도 불구하고 종전의 「공무원연금법」 제3조제1항제2호에 따른다. 이 경우 법률 제10984호 공무원연금법 일부개정법률 제3조제1항제2호타목의 개정규정은 같은 개정규정 시행일인 2011년 8월 4일 이후 최초로 직무를 수행하다가 입은 위해로 인하여 사망한 순직공무원(법률 제13927호 공무원연금법 일부개정법률 시행일인 2016년 7월 28일 당시 같은 법으로 개정되기 전의 규정에 따른 순직공무원을 말한다)부터 적용한다.

제17조(급여의 수급자에 대한 특례에 관한 경과조치) 이 법 시행 전의 급여의 수급자에 대해서는 제12조에도 불구하고 종전의 「공무원연금법」 제30조에 따른다. 이 경우 법률 제10984호 공무원연금법 일부개정법률 제30조의 개정규정은 같은 법 시행일인 2011년 11월 5일 이후 공무원이거나 공무원이었던 사람이 사망한 경우에 해당 개정규정의 요건을 충족하는 사람부터 적용한다.

제18조(급여의 환수에 관한 경과조치) 이 법 시행 전에 급여의 환수 사유가 발생한 경우의 환수 요건, 환수 절차, 환수금 및 이자의 가산, 결손처분, 체납처분 등에 관하여는 제16조에도 불구하고 종전의 「공무원연금법」 제31조에 따른다.

제19조(유족연금, 유족연금부가금 및 유족연금특별부가금에 관한 경

과조치) 이 법 시행 전의 유족연금, 유족연금부가금 및 유족연금특별부가금(종전의 「공무원연금법」 제56조제1항제2호 및 제3호에 따른 유족연금 및 그에 따른 유족연금부가금·유족연금특별부가금을 말한다)에 관하여는 제35조부터 제41조까지의 규정에도 불구하고 종전의 「공무원연금법」 제56조, 제57조(제57조제1항제3호는 제외한다), 제58조, 제59조, 제60조제1항에 따른다. 이 경우 법률 제10984호 공무원연금법 일부개정법률 제56조제1항 및 제57조제1항(제57조제1항제3호는 제외한다)의 개정규정은 같은 법 시행일인 2011년 11월 5일 이후 사망한 경우에 해당 개정규정의 요건을 충족하는 사람부터 적용하고, 법률 제13387호 공무원연금법 일부개정법률 제56조제1항부터 제3항까지 및 제60조제1항의 개정규정은 같은 법 시행일인 2016년 1월 1일 당시 재직 중인 공무원부터 적용한다.

제20조(요양 및 재요양에 관한 경과조치) ① 이 법 시행 전의 요양 및 재요양에 관하여는 제22조부터 제25조까지의 규정에도 불구하고 종전의 「공무원연금법」 제35조, 제36조, 제36조의2, 제37조부터 제40조까지의 규정에 따른다.

② 제1항의 경우 법률 제10984호 공무원연금법 일부개정법률 제35조제2항, 제36조 및 제36조의2의 개정규정은 같은 법 시행일인 2011년 11월 5일 당시 같은 법으로 개정되기 전의 규정에 따라 공무상요양비를 받고 있는 사람 또는 받을 수 있는 사람과 공무상요양일시금을 받은 사람으로서 해당 공무상 질병 또는 부상에 대하여 요양 또는 재요양이 필요한 사람에게도 적용한다. 이 경우 공무상요

양일시금을 받은 사람에 대해서는 해당하는 기간 동안 같은 법 제35조제2항 단서의 개정규정에 따라 요양기간을 연장하여 그 요양기간 동안 공무상요양비를 받은 것으로 본다.

제21조(시효에 관한 경과조치) ① 이 법 시행 전에 종전의 「공무원연금법」 제26조제4항에 따라 위험직무순직유족급여를 청구한 경우에는 제54조제1항에도 불구하고 종전의 「공무원연금법」 제81조제1항 단서의 규정을 적용한다.

② 이 법 시행 전에 제8조에 따른 급여에 관하여 종전의 「공무원연금법」에 따라 급여가 결정된 경우에는 제54조제5항에도 불구하고 종전의 「공무원연금법」 제81조제6항을 적용한다.

제22조(유족의 범위에 관한 경과조치) 1995년 12월 31일 이전에 퇴직하여 법률 제5117호 공무원연금법개정법률 시행일인 1996년 1월 1일(같은 법 제47조의 개정규정은 2000년 1월 1일을 말한다) 전에 혼인 또는 출생하거나 입양관계가 성립된 배우자ㆍ자녀(1995년 12월 31일 현재의 태아를 포함한다)ㆍ부모ㆍ손자녀(1995년 12월 31일 현재의 태아를 포함한다) 및 조부모에 대해서는 제3조제1항제5호 및 같은 법 제3조제1항제2호의 개정규정에도 불구하고 같은 법으로 개정되기 전의 규정에 따른다.

제23조(재해보상급여의 지급에 관한 경과조치) 법률 제6328호 공무원연금법개정법률 제26조제1항 단서의 개정규정에 불구하고 2001년 12월 31일 이전에 지방자치단체에서 급여사유가 발생한 공무상 질병ㆍ부상ㆍ폐질 또는 사망에 대한 급여에 대해서는 지방자치단체가 이를 지급하고, 2002년 이후에도 계속하여 지급하여야 하는 급

여에 대해서는 2002년 1월 1일부터 공단이 이를 지급한다.

第24조(장해연금 또는 장해보상금에 관한 경과조치) 법률 제6328호 공무원연금법개정법률 시행일인 2001년 1월 1일 당시 퇴직한 공무원이 폐질상태로 된 경우에도 같은 법 제51조제1항의 개정규정을 적용한다.

第25조(「위험직무 관련 순직공무원의 보상에 관한 법률」의 폐지에 따른 경과조치) ① 법률 제9905호 공무원연금법 일부개정법률(이하 이 조에서 "같은 법"이라 한다) 시행일인 2010년 1월 1일 당시 「위험직무 관련 순직공무원의 보상에 관한 법률」에 따른 순직유족급여 및 그 수급자는 같은 법에 따른 순직유족급여 및 그 수급자로 본다.

② 같은 법에 따른 순직유족급여의 대상이 되는 순직공무원의 범위는 법률 제7907호 「위험직무 관련 순직공무원의 보상에 관한 법률」 부칙 제2항의 적용례에 따른다.

第26조(유족연금 지급에 관한 경과조치) 법률 제9905호 공무원연금법 일부개정법률 부칙 제11조의 삭제에도 불구하고 법률 제13387호 공무원연금법 일부개정법률(이하 이 조에서 "같은 법"이라 한다) 시행일인 2016년 1월 1일 전에 유족연금을 받고 있던 사람에 대해서는 같은 법으로 개정되기 전의 규정에 따른다.

第27조(순직공무원 등의 용어변경에 따른 경과조치) ① 법률 제13927호 공무원연금법 일부개정법률 시행일인 2016년 7월 28일 당시 같은 법으로 개정되기 전의 규정에 따른 순직공무원과 순직유족급여 및 그 수급자는 같은 법에 따른 위험직무순직공무원과 위험직무순직유족급여 및 그 수급자로 본다.

② 법률 제13927호 공무원연금법 일부개정법률 시행일인 2016년 7월 28일 당시 같은 법으로 개정되기 전의 규정에 따라 유족보상금의 지급대상으로 인정된 사망자는 같은 법에 따른 순직공무원으로 본다.

③ 법률 제13927호 공무원연금법 일부개정법률 시행일인 2016년 7월 28일 당시 같은 법으로 개정되기 전의 규정에 따른 유족보상금과 그 수급자는 같은 법에 따른 순직유족보상금과 그 수급자로 본다.

제28조(법 시행을 위한 준비행위) 인사혁신처장은 이 법 시행을 위하여 필요하다고 인정하는 경우에는 이 법 시행 전에 제7조에 따른 공무원재해보상심의회 위원 선임, 제52조 및 제53조에 따른 공무원재해보상연금위원회 위원 선임, 사무기구 설치 및 전문인력 채용 등 필요한 조치를 할 수 있다.

제29조(다른 법률의 개정) ① 검찰청법 일부를 다음과 같이 개정한다.

제38조의2제3호 중 "「공무원연금법」에 따른 공무상 질병 또는 부상"을 "「공무원 재해보상법」에 따른 공무상 부상 또는 질병"으로 한다.

② 경찰공무원법 일부를 다음과 같이 개정한다.

제8조제3항제1호 중 "「공무원연금법」에 따른 공무상 질병 또는 부상"을 "「공무원 재해보상법」에 따른 공무상 부상 또는 질병"으로 한다.

③ 고용정책기본법 일부를 다음과 같이 개정한다.

제13조의3제2항제2호 중 "공무원연금"을 "공무원연금 · 공무원재해보상급여"로 한다.

④ 공공주택 특별법 일부를 다음과 같이 개정한다.

제48조의6제1항제3호 중 "공무원연금"을 "공무원연금ㆍ공무원재해보상급여"로 한다.

⑤ 교육공무원법 일부를 다음과 같이 개정한다.

제45조제1항제1호 단서 중 "「공무원연금법」에 따른 공무상 질병 또는 부상"을 "「공무원 재해보상법」에 따른 공무상 부상 또는 질병"으로 한다.

⑥ 국가공무원법 일부를 다음과 같이 개정한다.

제28조제2항제1호 중 "「공무원연금법」에 따른 공무상 질병 또는 부상"을 "「공무원 재해보상법」에 따른 공무상 부상 또는 질병"으로 한다.

제72조제1호가목을 다음과 같이 한다.

가. 「공무원 재해보상법」 제22조제1항에 따른 요양급여 지급대상 부상 또는 질병

⑦ 국민연금법 일부를 다음과 같이 개정한다.

제8조제1항제1호 본문 중 "「공무원연금법」"을 "「공무원연금법」, 「공무원 재해보상법」"으로 한다.

제52조제3항제3호를 다음과 같이 한다.

3. 「공무원연금법」, 「공무원 재해보상법」, 「사립학교교직원 연금법」, 「별정우체국법」 또는 「군인연금법」에 따른 퇴직유족연금, 장해유족연금, 순직유족연금, 직무상유족연금, 위험직무순직유족연금 또는 유족연금 수급권자

⑧ 기초연금법 일부를 다음과 같이 개정한다.

제3조제3항제1호를 다음과 같이 한다.

1. 「공무원연금법」 제28조, 「공무원 재해보상법」 제8조 또는 「사립학교교직원 연금법」 제42조제1항에 따른 퇴직연금, 퇴직연금일시금, 퇴직연금공제일시금, 장해연금, 비공무상 장해연금, 비직무상 장해연금, 장해일시금, 비공무상 장해일시금, 비직무상 장해일시금, 퇴직유족연금, 장해유족연금, 순직유족연금, 직무상유족연금, 위험직무순직유족연금, 퇴직유족연금일시금 또는 퇴직유족일시금[퇴직유족일시금의 경우에는 「공무원 재해보상법」 제20조제1항에 따라 순직유족연금의 수급권자가 순직유족연금을 갈음하여 선택한 경우(「사립학교교직원 연금법」제42조제1항에 따른 직무상유족연금의 수급권자가 직무상유족연금을 갈음하여 선택한 경우를 포함한다) 및 같은 법 제20조제2항에 따라 위험직무순직유족연금의 수급권자가 위험직무순직유족연금을 갈음하여 선택한 경우로 한정한다]

제11조제2항제1호라목 중 "공무원연금"을 "공무원연금, 공무원재해보상급여"로 한다.

⑨ 사립학교교직원 연금법 일부를 다음과 같이 개정한다. 〈개정 2018. 4. 17.〉

제2조제1항제11호 중 "「공무원연금법」 제34조에 따른 단기급여 및 같은 법 제42조에 따른 장기급여"를 "「공무원 재해보상법」 제8조에 따른 급여"로 한다.

제33조의2의 제목 중 "간병비"를 "간병급여"로 하고, 같은 조 제1항 중 "「공무원연금법」 제35조제2항"을 "「공무원 재해보상법」 제22조제2항"으로, "간병비"를 "간병급여"로 하며, 같은 조 제2항 중 "간병비"를 "간병급여"로 한다.

제33조의3제1항 중 “「공무원연금법」 제35조제1항에 따른 요양”을 “「공무원 재해보상법」 제22조제1항에 따른 요양”으로 하고, 같은 조 제2항 중 “장해연금의 수급권자”를 “「공무원 재해보상법」 제28조에 따른 장해연금의 수급권자”로 한다.

제35조제1항 각 호 외의 부분 후단 중 “「공무원연금법」 제27조제1항”을 “「공무원연금법」 제30조제1항 및 「공무원 재해보상법」 제10조제1항”으로 하고, 같은 항 각 호를 다음과 같이 한다.

1. 제42조제1항에 따라 준용되는 「공무원 재해보상법」 제43조제2항에 따른 사망조위금

2. 제42조제1항에 따라 준용되는 「공무원연금법」 제28조에 따른 급여(「공무원연금법」 제43조제1항 · 제2항에 따른 퇴직연금 · 조기퇴직연금 및 같은 법 제54조제1항에 따른 퇴직유족연금은 제외한다)

3. 제42조제1항에 따라 준용되는 「공무원 재해보상법」 제28조에 따른 장해급여 및 같은 법 제35조 · 제36조에 따른 장해유족연금 · 순직유족연금

제35조제4항 각 호 외의 부분 중 “「공무원연금법」 제27조제3항 · 제4항”을 “「공무원연금법」 제30조제3항 및 「공무원 재해보상법」 제10조제3항”으로 하고, 같은 항 각 호를 다음과 같이 한다.

1. 제42조제1항에 따라 준용되는 「공무원 재해보상법」 제37조에 따른 순직유족보상금

2. 제42조제1항에 따라 준용되는 「공무원 재해보상법」 제42조에 따른 재난부조금

3. 제42조제1항에 따라 준용되는 「공무원 재해보상법」 제43조제1항에 따른 사망조위금

제39조의2제1항 각 호 외의 부분 본문 중 "유족급여"를 "퇴직유족급여 · 재해유족급여"로 하고, 같은 항 제3호 중 "「공무원연금법」 제47조"를 "「공무원연금법」 제50조"로 하며, 같은 조 제2항 중 "유족급여"를 "퇴직유족급여 · 재해유족급여"로 한다.

제48조의2제3항을 다음과 같이 한다.

③ 제2항에 따라 적립된 재해보상급여 준비금에서 지급되는 급여는 제42조제1항에 따라 준용하는 「공무원 재해보상법」 제8조에 따른 요양급여, 장해급여, 간병급여, 재해유족급여(위험직무순직유족연금 및 위험직무순직유족보상금은 제외한다) 및 부조급여로 한다.

⑩ 상속세 및 증여세법 일부를 다음과 같이 개정한다.

제10조제2호를 다음과 같이 한다.

2. 「공무원연금법」, 「공무원 재해보상법」 또는 「사립학교교직원 연금법」에 따라 지급되는 퇴직유족연금, 장해유족연금, 순직유족연금, 직무상유족연금, 위험직무순직유족연금, 퇴직유족연금부가금, 퇴직유족연금일시금, 퇴직유족일시금, 순직유족보상금, 직무상유족보상금 또는 위험직무순직유족보상금

⑪ 소득세법 일부를 다음과 같이 개정한다.

제12조제3호사목을 다음과 같이 한다.

사. 「공무원연금법」, 「공무원 재해보상법」, 「군인연금법」, 「사립학교교직원 연금법」 또는 「별정우체국법」에 따라 받는 공무상요양비 · 요양급여 · 장해일시금 · 비공무상 장해일시금 · 비직무상 장해일시

금 · 장애보상금 · 사망조위금 · 사망보상금 · 유족일시금 · 퇴직유족일시금 · 유족연금일시금 · 퇴직유족연금일시금 · 유족연금부가금 · 퇴직유족연금부가금 · 유족연금특별부가금 · 퇴직유족연금특별부가금 · 순직유족보상금 · 직무상유족보상금 · 위험직무순직유족보상금 · 재해부조금 · 재난부조금 또는 신체 · 정신상의 장해 · 질병으로 인한 휴직기간에 받는 급여

제12조제4호가목 중 "「공무원연금법」"을 "「공무원연금법」 또는 「공무원 재해보상법」"으로, "유족연금"을 "유족연금 · 퇴직유족연금 · 장해유족연금 · 순직유족연금 · 직무상유족연금 · 위험직무순직유족연금"으로, "장해연금"을 "장해연금 · 비공무상 장해연금 · 비직무상 장해연금"으로 한다.

⑫ 응급의료에 관한 법률 일부를 다음과 같이 개정한다.

제22조의2제1항 중 "공무원연금"을 "공무원연금 · 공무원재해보상급여"로 한다.

⑬ 의료법 일부를 다음과 같이 개정한다.

제21조제3항제14호의2를 다음과 같이 한다.

14의2. 다음 각 목의 어느 하나에 따라 공무원 또는 공무원이었던 사람을 진료한 의료기관에 해당 진료에 관한 사항의 열람 또는 사본 교부를 요청하는 경우

가. 「공무원연금법」 제92조에 따라 인사혁신처장이 퇴직유족급여 및 비공무상장해급여와 관련하여 요청하는 경우

나. 「공무원연금법」 제93조에 따라 공무원연금공단이 퇴직유족급여 및 비공무상장해급여와 관련하여 요청하는 경우

다. 「공무원 재해보상법」 제57조 및 제58조에 따라 인사혁신처장(같은 법 제61조에 따라 업무를 위탁받은 자를 포함한다)이 요양급여, 재활급여, 장해급여, 간병급여 및 재해유족급여와 관련하여 요청하는 경우

⑭ 임용결격공무원 등에 대한 퇴직보상금지급 등에 관한 특례법 일부를 다음과 같이 개정한다.

제5조제1항 중 "공무원연금법 제81조제1항"을 "「공무원연금법」 제88조제1항, 「공무원 재해보상법」 제54조제1항"으로 한다.

제6조 중 "공무원연금법 또는 군인연금법을 준용하여 공무상요양비 또는 공무상요양일시금에"를 "「공무원 재해보상법」 또는 「군인연금법」을 준용하여 요양급여 또는 공무상요양비에"로 한다.

⑮ 장애인연금법 일부를 다음과 같이 개정한다.

제4조제3항제1호를 다음과 같이 한다.

1. 「공무원연금법」 제28조, 「공무원 재해보상법」 제8조 또는 「사립학교교직원 연금법」 제42조제1항에 따른 퇴직연금, 퇴직연금일시금, 퇴직연금공제일시금, 장해연금, 비공무상 장해연금, 비직무상 장해연금, 장해일시금, 비공무상 장해일시금, 비직무상 장해일시금, 퇴직유족연금, 장해유족연금, 순직유족연금, 직무상유족연금, 위험직무순직유족연금, 퇴직유족연금일시금 또는 퇴직유족일시금[퇴직유족일시금의 경우에는 「공무원 재해보상법」 제20조제1항에 따라 순직유족연금의 수급권자가 순직유족연금을 갈음하여 선택한 경우(「사립학교교직원 연금법」 제42조제1항에 따른 직무상유족연금의 수급권자가 직무상유족연금을 갈음하여 선택한 경우를 포함한다) 및

같은 법 제20조제2항에 따라 위험직무순직유족연금의 수급권자가 위험직무순직유족연금을 갈음하여 선택한 경우로 한정한다]

제9조제4항 전단 중 "공무원연금"을 "공무원연금 · 공무원재해보상급여"로 한다.

⑯ 장애인활동 지원에 관한 법률 일부를 다음과 같이 개정한다.

제7조제4항 전단 중 "공무원연금"을 "공무원연금 · 공무원재해보상급여"로 한다.

⑰ 지방공무원법 일부를 다음과 같이 개정한다.

제27조제2항제1호 중 "「공무원연금법」에 따른 공무상 질병 또는 부상"을 "「공무원 재해보상법」에 따른 공무상 부상 또는 질병"으로 한다.

제64조제1호가목을 다음과 같이 한다.

가. 「공무원 재해보상법」 제22조제1항에 따른 요양급여 지급대상 부상 또는 질병

제30조(다른 법령과의 관계) 이 법 시행 당시 다른 법령에서 종전의 「공무원연금법」 또는 그 규정을 인용하고 있는 경우 이 법에 그에 해당하는 규정이 있는 때에는 종전의 규정을 갈음하여 이 법 또는 이 법의 해당 규정을 인용한 것으로 본다.

부칙 〈제15554호, 2018. 4. 17.〉 (사립학교교직원 연금법)

제1조(시행일) 이 법은 2018년 9월 21일부터 시행한다. 〈단서 생략〉

제2조 부터 제8조까지 생략

제9조(다른 법률의 개정) ① 공무원 재해보상법 일부를 다음과 같이

개정한다.

부칙 제29조제9항을 다음과 같이 한다.

⑨ 사립학교교직원 연금법 일부를 다음과 같이 개정한다.

제2조제1항제11호 중 “「공무원연금법」 제34조에 따른 단기급여 및 같은 법 제42조에 따른 장기급여”를 “「공무원 재해보상법」 제8조에 따른 급여”로 한다.

제33조의2의 제목 중 “간병비”를 “간병급여”로 하고, 같은 조 제1항 중 “「공무원연금법」 제35조제2항”을 “「공무원 재해보상법」 제22조제2항”으로, “간병비”를 “간병급여”로 하며, 같은 조 제2항 중 “간병비”를 “간병급여”로 한다.

제33조의3제1항 중 “「공무원연금법」 제35조제1항에 따른 요양”을 “「공무원 재해보상법」 제22조제1항에 따른 요양”으로 하고, 같은 조 제2항 중 “장해연금의 수급권자”를 “「공무원 재해보상법」 제28조에 따른 장해연금의 수급권자”로 한다.

제35조제1항 각 호 외의 부분 후단 중 “「공무원연금법」 제27조제1항”을 “「공무원연금법」 제30조제1항 및 「공무원 재해보상법」 제10조제1항”으로 하고, 같은 항 각 호를 다음과 같이 한다.

1. 제42조제1항에 따라 준용되는 「공무원 재해보상법」 제43조제2항에 따른 사망조위금

2. 제42조제1항에 따라 준용되는 「공무원연금법」 제28조에 따른 급여(「공무원연금법」 제43조제1항·제2항에 따른 퇴직연금·조기퇴직연금 및 같은 법 제54조제1항에 따른 퇴직유족연금은 제외한다)

3. 제42조제1항에 따라 준용되는 「공무원 재해보상법」 제28조에 따른 장해급여 및 같은 법 제35조·제36조에 따른 장해유족연금·순직유족연금

제35조제4항 각 호 외의 부분 중 "「공무원연금법」 제27조제3항·제4항"을 "「공무원연금법」 제30조제3항 및 「공무원 재해보상법」 제10조제3항"으로 하고, 같은 항 각 호를 다음과 같이 한다.

1. 제42조제1항에 따라 준용되는 「공무원 재해보상법」 제37조에 따른 순직유족보상금

2. 제42조제1항에 따라 준용되는 「공무원 재해보상법」 제42조에 따른 재난부조금

3. 제42조제1항에 따라 준용되는 「공무원 재해보상법」 제43조제1항에 따른 사망조위금

제39조의2제1항 각 호 외의 부분 본문 중 "유족급여"를 "퇴직유족급여·재해유족급여"로 하고, 같은 항 제3호 중 "「공무원연금법」 제47조"를 "「공무원연금법」 제50조"로 하며, 같은 조 제2항 중 "유족급여"를 "퇴직유족급여·재해유족급여"로 한다.

제48조의2제3항을 다음과 같이 한다.

③ 제2항에 따라 적립된 재해보상급여 준비금에서 지급되는 급여는 제42조제1항에 따라 준용하는 「공무원 재해보상법」 제8조에 따른 요양급여, 장해급여, 간병급여, 재해유족급여(위험직무순직유족연금 및 위험직무순직유족보상금은 제외한다) 및 부조급여로 한다.

② 생략

부칙 〈제17753호, 2020. 12. 22.〉

제1조(시행일) 이 법은 공포 후 6개월이 경과한 날부터 시행한다.

제2조(급여의 제한에 관한 적용례) ① 제44조제4항의 개정규정은 이 법 시행 전에 재해유족급여 사유가 발생한 사람(법률 제15522호 「공무원 재해보상법」 시행 전에 급여 사유가 발생하여 같은 법 부칙 제13조의 적용을 받는 사람을 포함한다)에 대해서도 적용한다.

② 제1항에 따른 급여의 제한은 이 법 시행 후 최초로 도래하는 급여분부터 적용한다.

부칙 〈제17977호, 2021. 3. 23.〉

제1조(시행일) 이 법은 공포한 날부터 시행한다.

제2조(위험직무순직공무원의 요건에 해당하는 재해에 관한 적용례) 제5조제8호의 개정규정은 2021년 1월 1일 이후부터 이 법 시행 전에 발생한 재해에 대해서도 적용한다.

부칙 〈제18755호, 2022. 1. 11.〉 (수산업법)

제1조(시행일) 이 법은 공포 후 1년이 경과한 날부터 시행한다. 〈단서 생략〉

제2조 부터 제38조까지 생략

제39조(다른 법령의 개정) ①부터 ⑦까지 생략

⑧ 공무원 재해보상법 일부를 다음과 같이 개정한다.

제5조제7호 중 "「수산업법」 제72조"를 "「수산업법」 제69조"로 한다.

⑨부터 ㉟까지 생략

제40조 생략

부칙 〈제18963호, 2022. 6. 10.〉

제1조(시행일) 이 법은 공포 후 1년이 경과한 날부터 시행한다.

제2조(공무상 재해의 인정 특례 및 공무원재해보상심의회에 관한 적용례) 제4조의2 및 제6조의 개정규정은 이 법 시행 전에 급여사유가 발생한 경우에도 적용한다.

부칙 〈제19063호, 2022. 11. 15.〉

이 법은 공포한 날부터 시행한다.

부칙 〈제19228호, 2023. 3. 4.〉 (정부조직법)

제1조(시행일) 이 법은 공포 후 3개월이 경과한 날부터 시행한다. 다만, 부칙 제7조에 따라 개정되는 법률 중 이 법 시행 전에 공포되었으나 시행일이 도래하지 아니한 법률을 개정한 부분은 각각 해당 법률의 시행일부터 시행한다.

제2조 부터 제6조까지 생략

제7조(다른 법률의 개정) ①부터 ㊸까지 생략

㊹ 공무원 재해보상법 일부를 다음과 같이 개정한다.

제7조제3항 각 호 외의 부분 및 제53조제3항 각 호 외의 부분 중 "고용노동부, 국가보훈처"를 각각 "국가보훈부, 고용노동부"로 한다.

㊺ 및 ㊻ 생략

제8조 생략

부칙 〈제20399호, 2024. 3. 19.〉

제1조(시행일) 이 법은 공포 후 1년이 경과한 날부터 시행한다. 다만, 제3조제2항제1호ㆍ제2호 및 제40조제1항제4호의 개정규정은 공포 후 3개월이 경과한 날부터 시행하고, 제3조제1항제4호 및 제44조의 개정규정은 공포한 날부터 시행한다.

제2조(유족연금에 관한 적용례) 제3조제2항제1호ㆍ제2호 및 제40조제1항제4호의 개정규정은 같은 개정규정 시행 당시 장해유족연금, 순직유족연금 또는 위험직무순직유족연금을 지급받고 있던 사람에게도 적용한다.

제3조(건강손상자녀의 급여 지급에 관한 적용례) 제8조 각 호 외의 부분 단서 및 제7절의2(제43조의2부터 제43조의4까지)의 개정규정은 이 법 시행일 이후 출생한 자녀부터 적용한다. 다만, 이 법 시행일 전 3년 이내에 출생한 자녀로서 이 법 시행일부터 3년 이내에 제9조제1항에 따른 급여 청구를 하는 경우에는 이 법 시행일 전에 출생한 자녀에게도 적용한다.

공무원 재해보상법 시행령

[시행 2025. 3. 20.] [대통령령 제35393호, 2025. 3. 18., 일부개정]

**개정 예정 법률 밑줄 별도 표시.

공무원 재해보상법 시행령

[시행 2025. 3. 20.] [대통령령 제35393호, 2025. 3. 18., 일부개정]

제1장 총칙

제1조(목적) 이 영은 「공무원 재해보상법」에서 위임된 사항과 그 시행에 필요한 사항을 규정함을 목적으로 한다.

제2조(정규 공무원 외의 직원) 「공무원 재해보상법」(이하 "법"이라 한다) 제3조제1항제1호나목에서 "대통령령으로 정하는 사람"이란 「공무원연금법 시행령」 제2조에 따른 사람을 말한다.

제3조(공무수행사망자의 요건) 법 제3조제1항제2호다목에 따라 국가 또는 지방자치단체가 보수 또는 수당 등을 간접적으로 지급하는 경우는 다음 각 호의 어느 하나에 해당하는 경우로 한다. 〈개정 2023. 6. 7.〉

1. 국가 또는 지방자치단체가 「파견근로자보호 등에 관한 법률」에 따른 파견사업주에게 근로자파견의 대가를 지급하는 경우

2. 국가 또는 지방자치단체가 「국가를 당사자로 하는 계약에 관한 법률」 또는 「지방자치단체를 당사자로 하는 계약에 관한 법률」에 따라 청소, 경비, 시설물 관리, 환경미화와 그 밖에 이에 준하는 업무 수행을 위한 용역계약의 상대방에게 용역근로의 대가를 지급하는 경우

3. 그 밖에 인사혁신처장이 법 제6조제1항에 따른 공무원재해보

상심의회(이하 "심의회"라 한다)의 심의를 거쳐 제1호 또는 제2호에 준한다고 인정하는 경우

제4조(유족의 인정기준 등) ① 공무원이거나 공무원이었던 사람(이하 "공무원등"이라 한다)이 사망할 당시 법 제3조제1항제5호 각 목의 어느 하나에 해당하는 사람을 부양하고 있었는지에 관한 인정기준은 별표 1과 같다.

② 법 제3조제2항 각 호 외의 부분 후단, 같은 항 제2호 및 법 제40조제1항제4호·제5호에서 "대통령령으로 정하는 정도의 장해상태"란 각각 「장애인복지법」 제2조에 따른 장애인 중 장애의 정도가 심한 장애인인 상태를 말한다. 〈개정 2021. 6. 22.〉

③ 태아인 자녀 또는 손자녀(孫子女)라는 사실에 대한 증명은 법 제24조에 따른 요양기관(이하 "요양기관"이라 한다)이 발행한 진단서에 따른다. 〈개정 2021. 6. 22.〉

제5조(공무상 재해의 세부 인정기준) ① 법 제4조제2항 단서에서 "대통령령으로 정하는 사유"란 다음 각 호의 어느 하나에 해당하는 경우를 말한다. 〈개정 2021. 6. 22.〉

1. 공무수행 또는 공무와 관련하여 발생한 정신질환으로 요양을 받았거나 받고 있는 공무원이 정신적 이상 상태에서 자해행위를 한 경우

2. 공무상 부상 또는 질병으로 요양 중인 공무원이 그 공무상 부상 또는 질병으로 인한 정신적 이상 상태에서 자해행위를 한 경우

3. 그 밖에 공무수행 또는 공무와 관련한 사유로 인한 정신적 이상 상태에서 자해행위를 하였다는 상당인과관계가 인정되는 경우

② 법 제4조제6항에 따른 공무상 재해의 구체적인 인정기준은 별표 2와 같다.

제5조의2(공무상 재해의 인정 특례) 법 제4조의2 후단에 따른 질병의 종류는 별표 2 제2호 각 목의 질병 중 다음 각 호의 질병으로 한다.

1. 근골격계 질병
2. 뇌혈관 질병 또는 심장 질병
3. 직업성 암
4. 정신질환
5. 그 밖에 심의회의 심의를 거쳐 인사혁신처장이 정하여 고시하는 질병

[본조신설 2023. 6. 7.]

제6조(심의회의 심의사항) 법 제6조제1항제7호에서 “대통령령으로 정하는 사항”이란 다음 각 호의 사항을 말한다. 〈개정 2021. 6. 22., 2023. 6. 7.〉

1. 법 제4조제3항 또는 제4항에 따른 추가적 부상이나 질병 또는 합병증에 해당하는지 여부
2. 법 제44조제3항 또는 제4항에 따른 급여제한사유에 해당하는지 여부
3. 삭제 〈2021. 6. 22.〉
4. 제37조에 따른 요양의 종결 여부
5. 제40조, 제43조 또는 제44조에 따른 장해등급의 결정 및 개정(改定)

6. 그 밖에 인사혁신처장이 공무원 재해보상제도 운영과 관련하여 필요하다고 인정하는 사항

제7조(심의회의 위원의 연임 등) ① 법 제7조제4항 본문에 따라 심의회의 위원은 두 차례만 연임할 수 있다.

② 심의회의 위원은 법 제52조에 따른 공무원재해보상연금위원회의 위원을 겸임할 수 없다.

③ 인사혁신처장은 심의회의 위원이 다음 각 호의 어느 하나에 해당하는 경우에는 그 위원을 면직하거나 해촉(解囑)할 수 있다.

1. 심신장애로 인하여 직무를 수행할 수 없게 된 경우

2. 직무와 관련된 비위사실이 있는 경우

3. 직무태만, 품위손상이나 그 밖의 사유로 심의회의 위원으로 적합하지 아니하다고 인정되는 경우

4. 심의회의 위원 스스로 직무를 수행하기 어렵다는 의사를 밝히는 경우

제8조(심의회의 위원장의 직무) 심의회의 위원장은 심의회를 대표하고, 심의회의 업무를 총괄한다.

제9조(심의회의 회의) ① 심의회의 위원장은 심의회의 회의를 소집하고 그 의장이 된다.

② 심의회의 회의는 법 제7조제5항에 따른 구성원 과반수의 출석으로 개의(開議)하고, 출석위원 과반수의 찬성으로 의결한다.

③ 심의회의 회의는 위원과 급여 청구인, 관계 공무원 및 그 밖의 이해관계인 등 회의에 출석하는 사람(이하 이 항에서 "출석자"라 한다)이 동영상과 음성이 동시에 송수신되는 장치가 갖추어진 서로 다

른 장소에 출석하여 진행하는 원격영상회의 방식으로 할 수 있다. 이 경우 심의회의 위원 및 출석자는 같은 회의장에 출석한 것으로 본다. 〈신설 2021. 6. 22.〉

제10조(심의회의 간사) ① 심의회의 사무를 처리하기 위하여 심의회에 간사 몇 명을 둔다.

② 간사는 인사혁신처 소속 공무원 중에서 인사혁신처장이 임명한다.

제11조(심의회의 위원의 수당 등) 심의회에 참석하는 심의회의 위원 및 법 제7조제6항에 따라 출석한 이해관계인 등에게는 예산의 범위에서 수당과 여비를 지급할 수 있다. 다만, 공무원이 소관 업무와 직접적으로 관련되어 출석한 경우에는 그러하지 아니하다.

제12조(급여사유의 확인 등을 위한 조사 의뢰 등) ① 인사혁신처장[법 제61조에 따라 업무를 위탁받은 「공무원연금법」에 따른 공무원연금공단(이하 "공단"이라 한다)을 포함한다]은 급여사유의 확인 및 급여 등의 심의를 위하여 필요하다고 인정하는 경우에는 「산업안전보건법」 제126조제1항에 따른 작업환경측정기관이나 그 밖에 공무상 부상 또는 질병 여부를 판단할 수 있는 기관에 조사를 의뢰하거나 전문가에게 의견을 물을 수 있다. 〈개정 2019. 12. 24.〉

② 제1항에 따라 조사를 의뢰하거나 의견을 묻는 경우에는 예산의 범위에서 필요한 경비를 지급할 수 있다.

제13조(심의회의 운영세칙) 이 영에서 규정한 사항 외에 심의회의 운영에 필요한 사항은 심의회의 의결을 거쳐 심의회의 위원장이 정한다.

제2장 급여

제1절 통칙

제14조(급여의 청구 및 결정 절차 등) ① 법 제8조에 따른 급여(법 제9조제4항에 따른 지방자치단체 공무원의 재난부조금 및 사망조위금은 제외한다. 이하 이 조에서 같다)를 받으려는 사람은 공단에 급여를 청구하여야 한다.

② 공단은 제1항에 따라 청구된 급여가 법 제9조제2항 각 호의 어느 하나에 해당하는 경우에는 같은 항 각 호 외의 부분 본문에 따라 해당 공무원이 소속되어 있거나 소속되었던 기관장(이하 "연금취급기관장"이라 한다)의 확인을 거쳤는지와 법 및 이 영에 따른 해당 급여의 청구서류를 갖추었는지를 확인(법 제9조제2항 각 호 외의 부분 단서에 해당하는 경우는 제외한다)한 후 다음 각 호의 서류(제84조제1호에 따른 급여인 경우는 제외한다)를 인사혁신처장에게 보내야 한다. 〈개정 2023. 6. 7.〉

1. 사실관계 확인 · 조사 결과서
2. 청구서류

③ 인사혁신처장은 제2항에 따라 청구서류 등을 받으면 심의회의 심의를 거쳐 각 급여의 요건 해당 여부를 결정하고, 결정서를 청구인, 연금취급기관장 및 공단에 보내야 한다. 다만, 법 제8조제1호에 따른 요양급여(이하 "요양급여"라 한다)에 관한 결정서는 제85조제2항에 따라 요양급여비용 지급업무 등을 재위탁받은 기관에도 보내야 한다.

④ 공단은 제3항 본문에 따라 결정서(급여의 요건에 해당한다는

내용의 결정을 말한다)를 받으면 각 급여액을 법 및 이 영에 따라 산정하여 지급한다.

⑤ 공단은 제1항에 따라 청구된 급여가 다음 각 호의 급여인 경우에는 각 급여의 요건을 심사한 후 그 급여액을 법 및 이 영에 따라 산정하여 지급한다. 〈개정 2023. 6. 7.〉

1. 법 제9조제2항 각 호 외의 급여
2. 제84조제1호에 따른 급여

⑥ 법 제9조제2항 각 호 외의 부분 단서에서 "대통령령으로 정하는 급여"란 요양급여를 말한다.

제15조(급여의 지급 방법) ① 급여는 법 제61조제6항과 이 영 제85조제1항에 따라 공단으로부터 급여의 지급업무를 재위탁받은 체신관서 또는 금융회사에 개설된 수급권자의 예금계좌를 이용하여 지급한다. 다만, 지방자치단체가 지급하는 급여의 경우와 법 제18조에 따른 급여를 받을 권리의 보호를 위하여 필요하다고 인정되는 경우에는 해당 지방자치단체나 공단이 지급 방법을 달리 정할 수 있다.

② 제1항에 따라 수급권자의 예금계좌에 입금된 급여는 본인이 받은 것으로 본다.

제16조(급여 종류의 변경 신청) ① 법 제8조제3호에 따른 장해급여(이하 "장해급여"라 한다) 또는 법 제8조제5호에 따른 재해유족급여(이하 "재해유족급여"라 한다)를 청구한 사람(법 제20조제1항 · 제2항 및 제7항에 따라 급여를 선택하여 청구한 사람을 포함한다)이 급여의 종류를 변경하려면 급여 지급이 시작되기 전 또는 급여의 지급일(연금인 급여의 경우에는 최초 지급일을 말한다)부터 30일 이내

에 변경신청서를 인사혁신처장에게 제출하여야 한다.

② 제1항의 경우에 이미 받은 급여는 급여를 받은 날의 다음 날부터 반납일까지의 일수에 따른 이자[해당 연도마다 「은행법」에 따라 설립된 은행 중 전국을 영업구역으로 하는 은행(이하 "전국은행"이라 한다)이 적용하는 1월 1일 현재 정기예금금리 중 가장 높은 금리를 적용한다]를 가산하여 반납하여야 한다.

제17조(급여액 산정의 기준일 등) ① 법 제10조제1항 각 호 외의 부분에 따른 기준소득월액(이하 "기준소득월액"이라 한다)은 「공무원연금법 시행령」 제5조제1항에 따라 산정한 금액으로 한다.

② 퇴직으로 급여의 사유가 발생하거나 퇴직 후에 급여의 사유가 발생한 경우에 법 제10조제1항에 따른 기준소득월액 및 같은 조 제2항에 따른 공무원 전체의 기준소득월액 평균액의 산정 기준일인 급여의 사유가 발생한 날은 퇴직한 날의 전날로 본다.

③ 제1항에도 불구하고 전년도 소득에 기초한 해당 연도 기준소득월액을 결정하여 적용하기 전(해당 연도 1월부터 4월까지를 말한다)에 다음 각 호의 어느 하나에 해당하는 급여의 사유가 발생하였을 경우 그 기준소득월액은 「공무원연금법 시행령」 제5조제2항에 따라 산정한 금액으로 한다.

1. 장해급여

2. 법 제8조제5호나목1)에 따른 순직유족연금(이하 "순직유족연금"이라 한다)

3. 법 제8조제5호다목1)에 따른 위험직무순직유족연금(이하 "위험직무순직유족연금"이라 한다)

④ 제1항 및 제3항에도 불구하고 승진, 전직, 보직변경 등으로 봉급월액이 증가한 후 해당 연도에 장해급여의 사유가 발생하였을 경우 그 기준소득월액은 「공무원연금법 시행령」 제5조제3항 각 호 외의 부분 본문에 따라 산정한 금액으로 하고, 순직유족연금 또는 위험직무순직유족연금의 사유가 발생하였을 경우 그 기준소득월액은 같은 항 각 호 외의 부분 단서에 따라 산정한 금액으로 한다.

제18조(유족의 대표자에 대한 급여 지급 방법) ① 공단은 유족 중 재해유족급여를 받을 같은 순위자가 2명 이상인 경우에 그 같은 순위자 또는 그의 법정대리인 중에서 대표자를 선정하여 모든 사람의 급여 수령을 위임한 경우에는 법 제11조제2항에 따라 똑같이 나누어 지급하는 대신 그 대표자에게 전액을 지급할 수 있다.

② 제1항에 따른 위임은 위임하는 사람이 자필 서명한 대표자 선정서에 다음 각 호의 구분에 따른 서류를 첨부하여 공단 또는 연금취급기관장에게 제출하는 방법으로 한다.

1. 위임자가 성년인 경우: 위임자 본인의 주민등록증 등 공공기관이 발행한 본인 확인이 가능한 신분증 사본

2. 위임자가 미성년인 경우: 법정대리인의 주민등록증 등 공공기관이 발행한 법정대리인 본인 확인이 가능한 신분증 사본

제19조(유족이 없는 경우의 급여 지급의 특례) ① 법 제12조제1항에서 "대통령령으로 정하는 한도의 금액"이란 다음 각 호의 구분에 따른 금액을 말한다.

1. 연금인 급여: 사망 당시 원연금액의 3년분에 다음 계산식에 따른 비율을 곱한 금액

[36 -(법 제13조제1항에 따라 사망 시까지 연금을 받을 수 있는 개월 수)] ÷ 36

2. 다음 각 목에 해당하는 급여: 원급여액 전액

가. 요양급여

나. 법 제8조제2호에 따른 재활급여(이하 "재활급여"라 한다)

다. 법 제8조제3호나목에 따른 장해일시금(이하 "장해일시금"이라 한다)

라. 법 제8조제4호에 따른 간병급여(이하 "간병급여"라 한다)

마. 법 제8조제5호다목2)에 따른 위험직무순직유족보상금(이하 "위험직무순직유족보상금"이라 한다)

바. 법 제8조제6호에 따른 부조급여(이하 "부조급여"라 한다)

3. 법 제8조제5호나목2)에 따른 순직유족보상금(이하 "순직유족보상금"이라 한다): 원급여액의 2분의 1

② 공단 또는 지방자치단체의 장은 유족이 아닌 직계존비속도 없는 경우에 사망한 공무원등의 연금취급기관장에게 제1항에 따른 급여를 지급하여 그 사망한 공무원등의 분묘·제기(祭器)·기념비 등을 마련하는 데 사용하거나, 기념사업 등의 비용 또는 사망 전의 요양비에 충당하게 할 수 있다.

제20조(연금증서의 발급) 공단은 연금인 급여를 받는 사람(이하 "연금수급자"라 한다)에게 연금증서를 발급하여야 한다.

제21조(연금지급일) 법 제13조제3항에 따라 연금인 급여의 지급일은 매월 25일로 한다. 다만, 지급일이 토요일이거나 공휴일인 경우에는 그 전날에 지급하며, 연금수급권이 소멸되는 경우에는 그 지급일 전에 지급할 수 있다.

제22조(이민 및 국적 상실에 따른 연금청산 청구) ① 외국으로 이민을 가는 연금수급자가 법 제15조제1항에 따라 연금인 급여 대신 일시금을 받으려는 경우에는 연금청산 청구서에 「해외이주법 시행령」 제5조제2항에 따른 해외이주신고 확인서 등 이민을 증명하는 서류를 첨부하여 공단에 제출하여야 한다. 〈개정 2023. 6. 7.〉

② 국적을 상실한 연금수급자가 법 제15조제2항에 따라 연금인 급여 대신 일시금을 받으려는 경우에는 연금청산 청구서에 제적등본, 가족관계기록사항에 관한 증명서 중 기본증명서 등 국적 상실을 증명하는 서류를 첨부하여 공단에 제출하여야 한다.

제23조(연금수급자의 신상 조사 등) ① 공단은 법 제57조에 따라 연금인 급여에 영향을 미치는 신분상의 변동사항을 파악하기 위하여 연금수급자의 거주지 또는 등록기준지의 특별자치시장, 특별자치도지사, 시장, 군수 또는 구청장(자치구의 구청장을 말한다. 이하 같다)에게 신상 조사를 의뢰할 수 있다.

② 제1항의 조사 의뢰를 받은 특별자치시장, 특별자치도지사, 시장, 군수 또는 구청장(이하 "시장·군수·구청장"이라 한다)은 지체 없이 이를 조사하여 공단에 통보하여야 한다.

③ 공단은 법 제57조제1항부터 제3항까지의 규정에 따라 수급권의 변경 또는 소멸 등을 확인하기 위하여 수급자 또는 그 가족 등을 대상으로 수급자의 사망·이혼·생계유지 또는 양육책임 이행 여부 등에 관한 조사를 하거나 이와 관련된 자료의 제출을 요구할 수 있다. 〈개정 2021. 6. 22.〉

④ 외국에 거주하고 있는 수급자는 매년 5월 31일을 기준으로 신

분변동 사항을 기재한 서류를 재외공관의 장(재외공관이 설치되지 아니한 국가의 경우에는 그 인접국에 있는 재외공관의 장을 말한다)의 확인을 받아 매년 6월 30일까지 공단에 제출하여야 한다.

⑤ 공단은 수급자가 정당한 사유 없이 제3항 또는 제4항에 따른 자료를 제출하지 아니하는 경우에는 법 제57조제4항에 따라 급여 지급을 중지할 수 있다. 이 경우 제3항 또는 제4항에 따른 자료를 제출하지 아니하면 급여 지급이 중지될 수 있다는 사실을 급여 지급을 중지하기 전에 미리 수급자 또는 그 가족 등에게 알려야 한다.

⑥ 공단은 제5항에 따른 급여의 지급 중지 사유가 해소되면 즉시 지급을 재개하여야 한다.

제24조(급여의 환수) ① 법 제16조제1항 각 호 외의 부분 후단에 따라 급여액에 가산하여 징수하여야 할 이자 및 환수비용은 다음 각 호와 같다. 이 경우 급여액에 가산할 이자의 계산기간은 급여를 받은 날의 다음 날부터 환수할 급여액과 이자(이하 “환수금”이라 한다)를 결정하여 고지하는 날까지로 하되, 연 단위로 그 이자를 그 급여액에 산입하여 그 이후의 이자액을 계산한다.

1. 이자: 해당 연도마다 1월 1일 현재 전국은행이 적용하는 정기예금금리 중 가장 높은 금리를 적용하여 산정한 금액

2. 환수비용: 급여 환수에 관한 조사 여비와 그 밖에 환수에 드는 비용으로서 공단 또는 지방자치단체의 장이 산정하는 금액

② 법 제16조제1항 각 호 외의 부분 후단에 따라 환수금을 내야 할 사람이 납부 기한까지 내지 아니하는 경우의 연체이자는 연체이자의 계산기간 동안 해당 연도마다 1월 1일 현재 전국은행이 적용

하는 정기예금금리 중 가장 높은 금리의 2배에 해당하는 금리를 적용하여 산정한 금액으로 한다. 이 경우 연체이자의 계산기간은 환수금 납부 기한의 다음 날부터 그 환수금을 낸 날까지로 한다.

③ 급여를 받았던 사람이나 연금취급기관장은 법 제16조제1항 각 호의 어느 하나에 해당하는 사실을 알게 되었을 때에는 지체 없이 공단 또는 지방자치단체의 장에게 신고하거나 통보하여야 한다.

④ 공단 또는 지방자치단체의 장은 제3항의 신고 또는 통보나 그 밖의 방법으로 급여의 환수사유를 알게 되었을 때에는 지체 없이 이를 조사하여 급여를 받았던 사람에게는 환수금 반납고지서를 보내고, 연금취급기관장에게는 그 사실을 통보하여야 한다.

⑤ 제4항의 반납고지서를 받은 사람은 반납고지서를 받은 날부터 30일 이내에 환수금을 내야 한다. 다만, 법 제16조제1항제2호 또는 제3호의 경우에는 환수금 분할납부신청서를 공단 또는 지방자치단체의 장에게 제출하여 승인을 받아 승인한 날이 속하는 달의 다음 달부터 다음 각 호의 구분에 따른 범위에서 매월 분할납부할 수 있다.

1. 반납하여야 할 금액이 1천만원 미만인 경우: 20회
2. 반납하여야 할 금액이 1천만원 이상 2천만원 미만인 경우: 40회
3. 반납하여야 할 금액이 2천만원 이상인 경우: 60회

⑥ 제5항 각 호 외의 부분 단서에 따라 분할납부하는 경우에 가산하는 이자(법 제16조제1항제3호에 해당하는 경우로서 연금취급기관장 또는 공단의 착오나 누락으로 처음부터 급여가 잘못 지급된 경우는 제외한다)는 분할납부 기간 동안 내야 할 환수금에 제1항제1호에 따른 가장 높은 금리를 적용하여 산정한다. 이 경우 회당 분

할납부 금액은 분할납부 횟수에 따라 원리금을 똑같이 나눈 금액으로 한다.

⑦ 제5항 각 호 외의 부분 단서에 따라 환수금의 분할납부를 승인받은 사람이 분할납부금을 3개월 이상 체납한 경우에는 공단 또는 지방자치단체의 장은 분할납부 승인을 취소하고 환수금과 연체이자를 한꺼번에 환수할 수 있다.

⑧ 공단 또는 지방자치단체의 장은 제5항 각 호 외의 부분 본문에 따른 납부 기한(제5항 각 호 외의 부분 단서에 따른 분할납부의 경우에는 분할납부 마지막 회의 납부 기한을 말한다)까지 반납하여야 할 금액 전액을 내지 아니한 경우와 제7항에 따라 환수금과 연체이자를 한꺼번에 환수할 경우에는 법 제16조제2항에 따른 국세 또는 지방세 체납처분의 예에 따라 징수하여야 한다.

제25조(결손처분) ① 공단 또는 지방자치단체의 장은 다음 각 호의 어느 하나에 해당하는 경우에는 법 제16조제3항제3호에 따라 결손처분할 수 있다.

1. 체납자의 행방을 장기간 알 수 없거나 체납자에게 재산이 없는 것이 판명된 경우

2. 그 밖에 불가피한 사유로 환수가 불가능하다고 인정되는 경우

② 공단은 제1항제2호에 따라 결손처분을 하는 경우에는 인사혁신처장의 승인을 받아야 한다.

제26조(국가 등이 부담하는 다른 급여와의 조정) 연금취급기관장은 법 제20조제5항에 따라 공제사유가 있는지를 확인하고, 해당 공제사유가 있는 경우에는 급여청구서에 적어 공단에 보내야 한다.

第27조(제3자의 손해배상과의 조정) ① 공무원등이 제3자의 가해행위로 인하여 부상을 당하거나, 질병에 걸리거나, 장해 상태가 되거나, 사망(이하 이 조에서 "부상등"이라 한다)한 경우에 요양급여, 재활급여, 장해급여, 간병급여, 순직유족보상금 또는 위험직무순직유족보상금을 받을 수 있는 사람과 그 요양을 담당한 요양기관은 지체 없이 연금취급기관장에게 제3자의 가해행위로 인하여 부상등을 당하였다는 사실을 신고하여야 한다.

② 제1항에 따른 신고를 받은 연금취급기관장은 지체 없이 그 가해 경위와 「자동차손해배상 보장법」 또는 그 밖의 법령에 따른 손해배상에 관한 사항을 조사하고 그 결과를 공단에 보내야 한다.

③ 수급권자가 제1항에 따른 급여의 청구 당시 가해행위를 한 제3자로부터 손해배상을 받지 아니하여 해당 급여를 받은 후 그 제3자로부터 손해배상을 받았을 때에는 즉시 공단에 신고하고 손해배상 관련 서류를 제출하여야 한다.

제2절 요양급여

第28조(공무상 요양 승인) ① 공무원등이 법 제22조제1항에 따라 요양기관에서 공무상 재해로 요양을 하려는 경우에는 공무상 요양 승인신청서에 재해발생 경위서와 요양기관에서 발행한 것으로서 요양기간이 기록된 진단서를 첨부하여 연금취급기관장 또는 공단에 제출해야 한다. 다만, 부상 또는 질병에 긴급한 처치가 필요하여 미리 승인을 받을 수 없는 경우에는 요양을 시작한 후 지체 없이 승인신청을 해야 한다. 〈개정 2022. 3. 8.〉

② 공무원등이 제1항에 따른 승인신청서를 연금취급기관장에게 제출한 경우 연금취급기관장은 부상 또는 질병의 경위를 조사한 후 7일 이내에 그 신청서에 경위 조사서를 첨부하여 공단에 보내야 하고, 공무원등이 제1항에 따른 승인신청서를 공단에 제출한 경우 공단은 연금취급기관장으로 하여금 그 부상 또는 질병의 경위를 조사한 후 7일 이내에 경위 조사서를 공단에 보내도록 하여야 한다.

③ 공단은 제1항 및 제2항에 따라 공무상 요양 승인신청을 받은 경우 다음 각 호의 서류(제84조제1호에 따른 급여인 경우는 제외한다)를 인사혁신처장에게 보내야 한다. 〈개정 2023. 6. 7.〉

1. 사실관계 확인·조사 결과서
2. 공무상 요양 승인신청 서류

④ 인사혁신처장은 제3항에 따라 공무상 요양 승인신청 서류 등을 받은 경우 심의회의 심의를 거쳐 공무상 요양 승인 여부와 요양기간을 결정한 후 그 결정서를 신청인, 연금취급기관장, 공단 및 제85조제2항에 따라 요양급여비용 지급업무 등을 재위탁받은 기관에 보내야 한다.

⑤ 제4항에도 불구하고 제84조제1호에 따른 급여는 공단이 직접 공무상 요양 승인 여부와 요양기간을 결정한 후 그 결정서를 신청인, 연금취급기관장 및 제85조제2항에 따라 요양급여비용 지급업무 등을 재위탁받은 기관에 보내야 한다. 〈신설 2023. 6. 7.〉

제29조(공무상 요양기간의 연장) ① 공무원등이 제28조제4항 및 제5항에 따른 요양기간을 초과하여 요양하거나 법 제22조제2항 단서에 따라 실제요양기간 3년을 초과하여 요양기간을 연장하려는 경우

에는 공무상 요양기간 연장승인 신청서에 진단서(요양기관이 발행한 것으로서 필요한 요양 내용, 요양기간 연장 필요 여부 및 필요한 요양기간에 관한 의사의 소견이 있는 것으로 한정한다)를 첨부하여 공단에 제출하여야 한다. 〈개정 2023. 6. 7.〉

② 공단은 제1항에 따라 공무상 요양기간 연장승인 신청을 받은 경우 요양기간 연장승인 여부와 요양기간(요양기간 연장 결정을 한 경우만 해당한다)을 결정하여 결정서를 신청인과 제85조제2항에 따라 요양급여비용 지급업무 등을 재위탁받은 기관에 보내야 한다.

제30조(요양급여비용의 청구 및 지급 등) ① 요양기관은 법 제22조 또는 제23조에 따른 공무상 요양 또는 재요양을 실시한 경우에는 법 제25조에 따라 산정한 요양급여비용을 공단에 청구하여야 하며, 공단은 청구 내용을 심사하여 그 비용을 요양기관에 지급하여야 한다.

② 공단은 제1항에도 불구하고 다음 각 호의 어느 하나에 해당하는 요양급여비용은 본인에게 직접 지급할 수 있다.

1. 법 제25조제2호 및 제3호에 따른 요양급여비용

2. 「국민건강보험법」 제45조에 따라 산정한 요양급여비용 중 같은 법 제44조에 따라 본인이 요양기관에 납부한 본인일부부담금

③ 제2항제1호의 요양급여비용을 받으려는 사람은 요양급여비용 청구서에 그 명세서를 첨부하여 공단에 청구하여야 한다.

④ 공단은 공무원이 공무수행 중 부상을 입은 것이 명백하여 긴급하게 요양급여비용을 지급할 필요가 있다고 인정하는 경우에는 제28조에 따른 공무상 요양 승인 전이라도 요양기관에 요양급여비용

의 지급 의사와 지급 범위를 알리는 등 공무상 요양에 필요한 조치를 할 수 있다.

제31조(요양급여비용 지급업무 재위탁에 따른 지급절차) ① 공단이 제85조제2항에 따라 요양급여비용 지급업무를 재위탁한 경우에 요양기관이 법 제22조 또는 제23조에 따른 공무상 요양 또는 재요양을 실시하였을 때에는 진료비청구서에 그 명세서를 첨부하여 요양급여비용 지급업무를 재위탁받은 기관에 요양급여비용을 청구하여야 한다.

② 요양급여비용 지급업무를 재위탁받은 기관은 제1항의 청구에 따라 해당 요양급여비용을 요양기관에 지급한 경우에는 요양급여비용 청구서에 그 명세서를 첨부하여 공단에 제출하여야 하며, 공단은 1개월 이내에 이를 심사하여 요양급여비용을 그 재위탁받은 기관에 지급하여야 한다.

제32조(재요양의 요건 및 절차) ① 요양급여를 받은 사람은 다음 각 호의 요건을 모두 갖춘 경우에는 법 제23조에 따른 재요양을 신청할 수 있다. 다만, 법 제28조에 따른 장해일시금을 받은 경우에는 그 지급일부터 5년까지 재요양을 신청할 수 없다. 〈개정 2024. 6. 18.〉

1. 치유된 공무상 부상 또는 질병과 재요양의 대상이 되는 부상 또는 질병 사이에 상당한 인과관계가 있을 것

2. 재요양의 대상이 되는 부상 또는 질병 상태에 대하여 수술(의수·의족 장착을 위한 절단 부위의 재수술을 포함한다) 등 적극적인 치료가 필요하고 의학적인 치료효과를 기대할 수 있다고 인정될 것

② 공무원등이 제1항에 따라 재요양을 받으려면 공무상 재요양 승

인신청서에 다음 각 호의 서류를 첨부하여 공단에 제출하여야 한다.

1. 진단서(요양기관이 발행한 것으로서 필요한 재요양 내용 및 필요한 요양기간에 관한 의사의 소견이 있는 것으로 한정한다)

2. 제28조 및 제29조에 따른 요양 관련 의무기록과 그 밖에 제1항 각 호의 사유를 증명할 수 있는 의무기록 사본

③ 공단은 제1항 및 제2항에 따라 재요양 승인신청을 받은 경우 사실관계 확인·조사 결과를 재요양 승인신청 서류와 함께 인사혁신처장에게 보내야 한다.

④ 인사혁신처장은 제3항에 따라 재요양 승인신청 서류 등을 받은 경우 심의회의 심의를 거쳐 재요양 승인 여부와 재요양 기간을 결정한 후 그 결정서를 신청인, 공단 및 제85조제2항에 따라 요양급여비용 지급업무 등을 재위탁받은 기관에 보내야 한다.

⑤ 인사혁신처장은 재요양 승인 여부를 결정하기 위하여 필요하다고 인정하는 경우에는 인사혁신처장이 지정하는 요양기관에서 진단을 받도록 할 수 있다. 이 경우 진단에 드는 비용은 인사혁신처장이 지급한다. 〈개정 2020. 8. 25.〉

⑥ 재요양의 기간 및 그 연장에 관하여는 법 제22조제2항과 이 영 제29조를 준용한다.

제33조(요양 등에 대한 자문) ① 공단은 요양급여(법 제61조제1항에 따라 위탁받은 업무로 한정한다), 재활급여 또는 간병급여 등과 관련하여 필요한 경우 의료전문가를 자문위원으로 위촉하여 자문을 하거나 자문위원으로 구성된 자문위원회의 심의를 거칠 수 있다. 〈개정 2023. 6. 7.〉

② 제1항에 따른 자문위원의 위촉, 자문위원회의 구성 및 운영 등에 필요한 사항은 공단이 정한다. 〈신설 2023. 6. 7.〉

제34조(요양급여비용의 산정) 법 제25조제3호에서 "대통령령으로 정하는 요양급여비용"이란 다음 각 호의 요양급여비용을 말한다.

1. 법 제25조제1호 및 제2호에 따른 요양으로는 정상적인 치료가 곤란하거나 치료 후 정상적인 사회생활이 곤란하여 별도의 요양이 필요한 경우로서 그에 필요한 약제(藥劑)ㆍ진료ㆍ처치(성형수술을 포함한다)ㆍ기구ㆍ재활치료 등에 드는 비용으로서 인사혁신처장이 정하는 요양급여비용

2. 법 제25조제1호 및 제2호에 따른 요양급여비용의 지급 수가(酬價)를 초과하는 비용 중 인사혁신처장이 정하는 요양급여비용

제35조(요양기관 외의 의료기관에서의 요양) ① 공무원등이 긴급한 필요 또는 그 밖의 부득이한 사정으로 요양기관 외의 의료기관에서 법 제22조 또는 제23조에 따른 공무상 요양 또는 재요양을 받은 경우에는 인사혁신처장이 인정하는 경우에만 요양급여비용을 지급할 수 있다.

② 공무원등은 제1항에 따라 요양기관 외의 의료기관에서 요양을 받는 경우 그 요양을 시작하면 지체 없이 제28조에 따른 공무상 요양 승인신청을 하여야 한다. 이 경우 요양기관에서 요양을 받지 못하는 사유서를 첨부하여야 한다.

③ 제1항 및 제2항에 따른 요양급여비용의 산정에 관하여는 법 제25조와 이 영 제34조를 준용하고, 그 청구 및 지급에 관하여는 제30조 및 제31조를 준용한다.

제36조(요양기관 변경) 요양 중인 사람이 요양기관을 변경하려는 경우에는 변경하려는 요양기관에 제28조제4항에 따른 공무상 요양 승인결정서 사본을 제출하여야 한다.

제37조(요양의 종결) ① 인사혁신처장은 공무상 부상 또는 질병으로 요양 또는 재요양을 하고 있는 사람의 부상 또는 질병에 대하여 계속 치료를 하더라도 의학적인 치료효과를 기대할 수 없다고 판단되는 경우에는 심의회의 심의를 거쳐 법 또는 이 영에 따른 요양을 종결할 수 있다.

② 인사혁신처장은 제1항에 따라 요양을 종결하려는 경우에는 해당 공무원등에게 미리 그 사실을 알려야 한다.

제3절 재활급여

제38조(재활운동비의 지급요건 및 지급절차 등) ① 법 제26조제1항 각 호 외의 부분에서 “대통령령으로 정하는 장해”란 다음 각 호의 어느 하나에 해당하는 장해를 말한다. 〈개정 2021. 1. 5.〉

1. 팔 또는 다리의 3대 관절 중 1개 관절 이상의 기능장해
2. 척추의 변형, 기능장해 또는 신경장해
3. 팔 또는 다리의 근육이나 신경의 장해(뇌 또는 척수손상으로 팔 또는 다리에 장해가 발생된 경우를 포함한다)로서 별표 3 에 따른 장해등급 제1급부터 제12급까지에 해당하는 장해

② 법 제26조에 따라 재활운동비를 받으려는 공무원등은 재활운동기관(스포츠활동과 관련하여 「부가가치세법」 제8조에 따른 사업자등록을 한 자로 한정한다)에서 재활운동을 한 후 재활운동비 청구서

에 다음 각 호의 서류를 첨부하여 공단에 제출하여야 한다.

1. 재활운동 실시 및 비용에 관한 증명서류

2. 제1항의 장해에 해당되어 재활운동이 필요하다는 의사의 소견서

③ 공단은 제2항에 따라 재활운동비를 청구받은 경우 이를 심사하여 지급한다. 다만, 재활운동이 법 제22조제1항 각 호에 따른 요양에 해당하는 경우 같은 요양에 대하여 요양급여비용과 재활운동비를 중복하여 지급하지 아니한다.

④ 법 제26조에 따른 재활운동비의 지급대상기간은 해당 공무원등이 재활운동을 시작한 날부터 3개월 이내로 한다. 다만, 천재지변 또는 대규모 감염병 발생 등 불가피한 사유로 재활운동을 하지 못한 기간은 지급대상기간에 산입하지 않는다. 〈개정 2021. 6. 22.〉

제39조(심리상담비의 지급요건 및 지급절차 등) ① 공무상 요양 중인 공무원등이 법 제27조에 따른 심리상담을 받으려면 미리 심리상담 승인신청서에 심리검사지, 요양 관련 의무기록 사본 등을 첨부한 후 공단에 제출하여 승인을 받아야 한다.

② 제1항에 따라 심리상담 승인을 받은 사람은 법 제27조에 따른 심리상담비를 받으려면 심리상담기관(심리상담과 관련하여 「부가가치세법」 제8조에 따른 사업자등록을 한 자로 한정한다)에서 심리상담을 받은 후 심리상담비 청구서에 심리상담 실시 및 비용에 관한 증명서류를 첨부하여 공단에 제출하여야 한다.

③ 공단은 제2항에 따라 심리상담비를 청구받은 경우 이를 심사하여 지급한다. 다만, 심리상담이 법 제22조제1항 각 호에 따른 요양에 해당하는 경우 같은 요양에 대하여 요양급여비용과 심리상담비

를 중복하여 지급하지 아니한다.

④ 법 제27조에 따른 심리상담비의 지급대상기간은 제1항에 따라 심리상담 승인을 받은 사람이 심리상담을 시작한 날부터 3개월 이내로 한다. 다만, 천재지변 또는 대규모 감염병 발생 등 불가피한 사유로 심리상담을 하지 못한 기간은 지급대상기간에 산입하지 않는다. 〈개정 2021. 6. 22.〉

⑤ 심리상담은 제1항에 따라 승인결정 통보를 받은 날부터 1개월 이내에 시작하여야 하며, 1개월 이내에 시작하지 않은 경우에는 승인결정 통보를 받은 날부터 1개월이 된 날을 심리상담을 시작한 날로 본다. 〈신설 2021. 6. 22.〉

제4절 장해급여

제40조(장해등급의 결정) ① 법 제28조 각 호 외의 부분에서 "대통령령으로 정하는 장해의 정도에 따른 등급"이란 별표 3에서 정하는 장해의 정도에 따른 등급(이하 "장해등급"이라 한다)을 말한다. 〈개정 2022. 3. 8.〉

② 별표 3에서 정하지 않은 장해가 있는 경우에는 그 장해와 비슷한 장해에 해당하는 장해등급으로 결정한다. 〈신설 2022. 3. 8.〉

③ 법 제31조에 따라 장해등급에 해당하는 장해가 둘 이상 있는 경우에는 가장 중(重)한 장해에 해당하는 장해등급으로 결정한다. 다만, 제2급부터 제13급까지에 해당하는 장해가 둘 이상 있는 경우에는 그중 중한 장해 2개에 대하여 별표 3에 따른 각각의 부위별 장해등급을 정한 후 별표 4에서 정하는 바에 따라 종합장해등급을 결

정한다. 〈신설 2022. 3. 8.〉

④ 제1항부터 제3항까지에서 규정한 사항 외에 장해등급 결정을 위한 세부 판정기준은 총리령으로 정한다. 〈개정 2022. 3. 8.〉

[제목개정 2022. 3. 8.]

제41조(장해급여의 청구) ① 법 제28조에 따라 장해연금 또는 장해일시금을 받으려는 사람은 장해급여 청구서에 재해발생 경위서와 요양기관에서 발행한 공무원재해보상 장해진단서를 첨부하여 연금취급기관장에게 제출해야 한다. 〈개정 2022. 3. 8.〉

② 연금취급기관장은 제1항에 따라 장해급여 청구서 등을 받은 경우 지체 없이 장해경위를 조사·확인한 후 그 청구서 등에 장해경위 조사서를 첨부하여 공단에 보내야 한다.

제42조(장해연금의 수급권 상실 신고) 장해연금 수급권자가 사망하였을 때에는 「가족관계의 등록 등에 관한 법률」 제85조에 따른 사망신고의무자는 사망일부터 30일 이내에 그 사실을 공단에 신고하여야 한다.

제43조(청구에 의한 장해등급 재판정) ① 장해연금 수급권자는 장해의 정도가 악화되거나 호전되었을 때에는 법 제30조제1항에 따라 장해등급 재판정 청구서에 요양기관에서 발행한 공무원재해보상 장해진단서를 첨부하여 공단에 제출하여야 한다.

② 공단은 제1항에 따라 장해등급 재판정 청구를 받은 경우 사실관계 확인·조사 결과를 제1항에 따른 청구서와 함께 인사혁신처장에게 보내야 한다.

③ 인사혁신처장은 제2항에 따라 장해등급 재판정 청구서 등을

받은 경우 심의회의 심의를 거쳐 다음 각 호의 사항을 정한 결정서를 청구인과 공단에 보내야 한다.

1. 장해등급을 다시 정할지 여부

2. 장해등급을 다시 정하는 경우에는 그 장해등급

④ 인사혁신처장은 제3항 각 호의 사항을 정하기 위하여 필요하다고 인정하는 경우에는 장해연금 수급권자에게 인사혁신처장이 지정하는 요양기관에서 진단을 받게 할 수 있다. 이 경우 진단에 드는 비용은 인사혁신처장이 지급한다. 〈개정 2020. 8. 25.〉

⑤ 제3항에 따라 다시 정한 장해등급은 제1항에 따른 공무원재해보상 장해진단서상 진단받은 날이 속하는 달의 다음 달부터 적용한다.

제44조(직권에 의한 장해등급 재판정) ① 인사혁신처장은 다음 각 호의 어느 하나에 해당하는 장해연금 수급권자(장해연금 수급권자의 장해 중 다음 각 호에 따른 장해의 등급이 변경되더라도 그 외의 장해로 인한 장해등급이 제1급으로서 최종의 장해등급은 변경되지 아니하는 경우는 제외하며, 이하 "장해등급재판정대상자"라 한다)에 대해서는 장해연금의 지급결정을 한 날을 기준으로 2년이 지난 날부터 1년 이내에 장해등급 재판정을 해야 한다. 이 경우 장해등급 재판정은 1회만 한다. 〈개정 2022. 3. 8.〉

1. 장해연금 지급 대상이 되는 장해 중 별표 3에 따른 제1급제3호, 제2급제3호, 제3급제3호, 제5급제2호, 제7급제4호, 제9급제10호, 제12급제15호에 해당하는 장해가 하나 이상 있는 경우

2. 장해연금 지급 대상이 되는 장해 중 별표 3에 따른 제6급제5

호, 제7급제14호, 제8급제2호, 제9급제17호, 제10급제14호, 제11급제12호 또는 제12급제16호에 해당하는 장해(척추 신경근장해에 따라 장해등급이 결정된 경우만 해당한다)가 하나 이상 있는 경우

3. 장해연금 지급 대상이 되는 장해 중 별표 3에 따른 제1급제6호ㆍ제8호, 제4급제6호, 제5급제6호ㆍ제7호, 제6급제6호ㆍ제7호, 제7급제7호ㆍ제11호, 제8급제4호ㆍ제6호ㆍ제7호, 제9급제13호ㆍ제15호, 제10급제9호ㆍ제12호ㆍ제13호, 제11급제9호ㆍ제10호, 제12급제9호ㆍ제10호ㆍ제12호ㆍ제14호, 제13급제8호ㆍ제11호에 해당하는 장해(신체 관절의 운동기능에 따라 장해등급이 결정된 경우만 해당한다)가 하나 이상 있는 경우

4. 장해연금 지급 대상이 되는 장해 중 별표 3에 따른 장해등급에 규정되지 아니한 장해가 있는 경우로서 제1호부터 제3호까지에 해당하는 장해가 하나 이상 있는 경우

② 인사혁신처장은 제1항에도 불구하고 장해등급재판정대상자가 재요양을 하는 경우에는 그 재요양 후 치유된 날(장해등급이 변경된 경우에는 그에 따른 장해연금의 지급 결정을 한 날)을 기준으로 2년이 지난 날부터 1년 이내에 1회 장해등급 재판정을 해야 한다. 〈개정 2022. 3. 8.〉

③ 인사혁신처장은 제1항 또는 제2항에 따라 장해등급의 재판정을 하려면 장해등급재판정대상자에게 인사혁신처장이 지정하는 요양기관에서 진단을 받게 해야 한다. 이 경우 진단에 드는 비용은 인사혁신처장이 지급한다. 〈개정 2020. 8. 25., 2022. 3. 8.〉

④ 인사혁신처장은 제3항 전단에 따라 진단을 받게 하려는 경우

재판정 시작일, 진단 기한, 진단이 가능한 요양기관 및 그 밖에 재판정에 필요한 사항을 장해등급재판정대상자와 공단에 알려야 한다. 〈개정 2022. 3. 8.〉

⑤ 제3항 전단에 따라 진단을 받은 사람은 그 진단을 한 요양기관이 발행한 공무원재해보상 장해진단서를 재판정 시작일부터 6개월 이내에 공단에 제출해야 한다. 〈개정 2020. 8. 25.〉

⑥ 공단은 제5항에 따라 요양기관이 발행한 공무원재해보상 장해진단서를 받은 경우 사실관계 확인·조사 결과를 요양기관이 발행한 공무원재해보상 장해진단서와 함께 인사혁신처장에게 보내야 한다.

⑦ 인사혁신처장은 제6항에 따라 요양기관이 발행한 공무원재해보상 장해진단서 등을 받은 경우 심의회의 심의를 거쳐 다음 각 호의 사항을 정한 결정서를 장해등급재판정대상자와 공단에 보내야 한다. 〈개정 2022. 3. 8.〉

1. 장해등급을 다시 정할지 여부
2. 장해등급을 다시 정하는 경우 그 장해등급

⑧ 제7항에 따라 다시 정한 장해등급은 제3항에 따라 진단을 받은 날이 속하는 달의 다음 달부터 적용한다.

제45조(장해연금 수급권자의 장해 상태) 법 제30조제2항 및 제32조제2항에서 "대통령령으로 정하는 정도의 장해 상태"란 각각 제40조 및 별표 3과 별표 4에 따른 장해등급 제1급부터 제14급까지에 해당하는 장해 상태를 말한다. 〈개정 2022. 3. 8.〉

제46조(장해 상태 확인을 위한 진단 요구 등) ① 인사혁신처장은 법 제30조에 따라 장해연금 수급권자의 장해 정도가 악화되었거나 호

전되었는지와 장해등급에 해당하는지를 확인하기 위하여 장해연금 수급권자에게 인사혁신처장이 지정하는 요양기관에서 진단을 받게 할 수 있다. 〈개정 2022. 3. 8.〉

② 제1항에 따라 장해연금 수급권자에게 진단 요구를 한 경우의 진단 절차와 진단 결과에 따른 장해등급의 재판정 등에 관하여는 제44조제3항부터 제8항까지의 규정을 준용한다. 〈개정 2022. 3. 8.〉

제47조(행방불명된 사람의 장해급여 지급) ① 법 제33조제1항에 따라 장해급여를 받으려는 상속인(유족의 범위에 해당하여야 한다. 이하 이 항에서 같다)이 될 사람은 장해급여 청구서에 다음 각 호의 서류를 첨부하여 공단에 제출하여야 한다.

1. 상속인이 될 사람임을 증명하는 서류

2. 같은 순위의 상속인이 될 사람 중 대표자가 청구하는 경우에는 상속인이 될 사람의 대표자임을 증명하는 서류

3. 장해급여를 받을 권리가 있는 사람이 1년 이상 행방불명인 사실을 증명하는 서류(시장ㆍ군수ㆍ구청장 또는 경찰서장과 연금취급기관장이 확인하는 서류를 말한다)

② 법 제33조제3항 단서 및 같은 조 제4항 후단에서 "대통령령으로 정하는 이자"란 각각 해당 연도마다 1월 1일 현재 전국은행이 적용하는 정기예금금리 중 가장 높은 금리를 적용한 이자를 말한다.

③ 법 제33조제4항 후단에 따라 급여액의 차액과 이자에 해당하는 금액을 받으려는 사람은 장해연금 급여차액청구서를 공단에 제출하여야 한다.

제5절 간병급여

제48조(간병급여의 지급요건 및 지급절차 등) ① 법 제34조제2항에 따른 간병급여의 지급요건은 별표 5와 같다.

② 간병급여는 제1항에 따른 간병급여 지급요건에 해당하는 사람이 실제로 간병을 받은 날에 대하여 지급한다.

③ 간병급여의 지급 기준에 관하여는 「산업재해보상보험법 시행령」 제59조제3항 및 제4항을 준용한다.

④ 간병급여 수급권자가 법 제23조에 따라 재요양을 받는 경우 그 재요양 기간 중에는 간병급여를 지급하지 아니한다.

⑤ 간병급여를 받으려는 사람은 간병급여 청구서에 다음 각 호의 서류를 첨부하여 공단에 제출하여야 한다.

1. 간병 실시 및 비용에 관한 증명 서류
2. 제1항의 간병급여 지급요건에 해당되어 간병이 필요하다는 의사의 소견서

⑥ 공단은 제5항에 따라 간병급여의 청구를 받으면 이를 심사하여 지급한다.

제6절 재해유족급여

제49조(장해유족연금의 청구) 법 제35조에 따라 법 제8조제5호가목에 따른 장해유족연금(이하 "장해유족연금"이라 한다)을 받으려는 사람은 장해유족연금 청구서에 다음 각 호의 서류를 첨부하여 공단에 제출하여야 한다.

1. 장해연금 수급권자의 사망 사실 및 그 사망자의 유족임을 증

명하는 서류

2. 같은 순위의 유족 중 대표자가 청구하는 경우에는 제18조에 따른 유족의 대표자임을 증명하는 서류

제50조(순직유족급여 또는 위험직무순직유족급여의 청구) ① 법 제36조 및 제37조에 따라 순직유족연금ㆍ순직유족보상금(이하 "순직유족급여"라 한다) 또는 법 제38조 및 제39조에 따라 위험직무순직유족연금ㆍ위험직무순직유족보상금(이하 "위험직무순직유족급여"라 한다)을 받으려는 사람은 순직ㆍ위험직무순직유족급여 청구서에 다음 각 호의 서류를 첨부하여 연금취급기관장에게 제출하여야 한다. 이 경우 순직유족급여와 위험직무순직유족급여를 함께 청구할 수 있다.

1. 공무원등의 사망 사실 및 그 사망자의 유족임을 증명하는 서류

2. 같은 순위의 유족 중 대표자가 청구하는 경우에는 제18조에 따른 유족의 대표자임을 증명하는 서류

② 연금취급기관장은 제1항에 따른 청구서를 받으면 지체 없이 사망경위를 조사ㆍ확인한 후 그 청구서에 사망경위 조사서를 첨부하여 공단에 보내야 한다.

제51조(장해유족연금 등의 수급권 상실 신고) 법 제40조제1항에 따라 장해유족연금, 순직유족연금 또는 위험직무순직유족연금 수급권자가 그 권리를 상실한 경우에는 다음 각 호의 구분에 따른 사람이 그 사유가 발생한 날부터 30일 이내에 그 사실을 공단에 신고하여야 한다. 〈개정 2024. 6. 18.〉

1. 장해유족연금, 순직유족연금 또는 위험직무순직유족연금 수급권자가 사망한 경우: 「가족관계의 등록 등에 관한 법률」 제85조에 따른 사망신고의무자

2. 재혼하였거나 사망한 공무원이었던 사람과의 친족관계가 종료된 경우: 본인

3. 자녀 또는 손자녀가 25세가 된 경우: 본인 또는 법정대리인이었던 사람

4. 장해 상태에 있던 25세 이상의 자녀 또는 손자녀의 장해 상태가 해소된 경우: 본인 또는 법정대리인이거나 법정대리인이었던 사람

제52조(장해유족연금 등의 수급권 이전 신청) 장해유족연금, 순직유족연금 또는 위험직무순직유족연금 수급권자가 그 권리를 상실하거나 1년 이상 행방불명되어 법 제40조제2항 또는 제41조에 따라 같은 순위 또는 다음 순위의 유족이 장해유족연금, 순직유족연금 또는 위험직무순직유족연금을 받으려는 경우에는 해당 유족은 장해유족연금·순직유족연금·위험직무순직유족연금 수급권 이전 신청서에 다음 각 호의 서류를 첨부하여 공단에 제출해야 한다. 〈개정 2022. 3. 8., 2024. 6. 18.〉

1. 장해연금 수급권자의 유족임을 증명하는 서류 또는 순직공무원·위험직무순직공무원의 유족임을 증명하는 서류

2. 같은 순위의 유족 중 대표자가 청구하는 경우에는 제18조에 따른 유족의 대표자임을 증명하는 서류

3. 다음 각 목의 구분에 따른 서류

가. 수급권이 상실된 사실을 증명하는 서류: 다음의 구분에 따

른 서류

1) 사망, 재혼 또는 사망한 공무원이었던 사람과의 친족관계 종료, 장해 상태에 있지 아니한 자녀 또는 손자녀가 25세가 된 경우: 가족관계기록사항에 관한 증명서 또는 주민등록표 등본

2) 장해 상태에 있던 25세 이상의 자녀 또는 손자녀의 장해 상태가 해소된 경우: 「장애인복지법」 제32조에 따른 장애인등록증 등 장애 정도를 증명하는 서류나 같은 법 제32조의3에 따라 장애인 등록이 취소된 사실을 증명하는 서류

나. 1년 이상 행방불명인 사실을 증명하는 서류: 시장·군수·구청장 또는 경찰서장이 확인하는 서류

제52조의2(유족 등의 장해 상태 확인) 인사혁신처장은 재해유족급여 수급권자인 25세 이상의 자녀 또는 손자녀나 그 손자녀의 아버지가 법 제3조제2항제2호 또는 같은 항 각 호 외의 부분 후단에 따른 장해 상태에 해당하는지를 확인하기 위하여 그 자녀 또는 손자녀 등에게 장해 상태를 증명하는 서류를 제출하게 할 수 있다. 〈개정 2024. 6. 18.〉

[본조신설 2022. 3. 8.]

제7절 부조급여

제53조(재난부조금) ① 법 제42조제2항에 따른 재난으로 인한 피해의 범위는 화재, 홍수, 호우, 폭설, 폭풍, 해일과 이에 준하는 자연적 또는 인위적인 현상으로 인하여 공무원 또는 그 배우자 소유의 주택(공동주택의 지분을 가지고 있는 경우를 포함한다. 이하 같다)이

나 공무원이 상시 거주하는 주택으로서 공무원 또는 그 배우자의 직계존비속 소유의 주택이 입은 피해로 한다.

② 법 제42조제2항에 따른 재난으로 인한 피해 정도별 부조금액은 다음 각 호와 같다.

1. 주택이 완전히 소실·유실되거나 파괴된 경우: 공무원 전체의 기준소득월액 평균액의 3.9배

2. 주택의 2분의 1 이상이 소실·유실되거나 파괴된 경우(제1호에 해당하는 경우는 제외한다): 공무원 전체의 기준소득월액 평균액의 2.6배

3. 주택의 3분의 1 이상이 소실·유실되거나 파괴된 경우(제1호 및 제2호에 해당하는 경우는 제외한다): 공무원 전체의 기준소득월액 평균액의 1.3배

③ 법 제42조에 따라 재난부조금을 받으려는 사람은 재난부조금 청구서에 시장·군수·구청장 또는 소방서장이 발행하는 피해상황 확인서를 첨부하여 공단 또는 지방자치단체의 장(지방자치단체 공무원의 재난부조금 및 사망조위금을 지급하는 경우로 한정한다. 이하 이 장에서 같다)에게 제출하여야 한다. 이 경우 공단 또는 지방자치단체의 장은 「전자정부법」 제36조제1항 또는 제2항에 따른 행정정보의 공동이용을 통하여 다음 각 호의 행정정보를 확인하여야 하며, 청구인이 제1호에 따른 정보의 확인에 동의하지 아니하는 경우에는 그 서류를 직접 제출하게 하여야 한다.

1. 주민등록표 등본

2. 건축물대장 등본

제54조(사망조위금) ① 법 제43조제1항 후단에서 "대통령령으로 정하는 1명의 공무원"이란 다음 각 호의 순위에 따른 공무원 중 앞선 순위자를 말한다.

1. 사망한 사람의 배우자인 공무원
2. 사망한 사람의 최근친(最近親) 직계비속인 공무원 중 나이가 가장 많은 사람
3. 사망한 사람의 최근친 직계비속의 배우자인 공무원 중 나이가 가장 많은 직계비속의 배우자인 공무원

② 법 제43조제2항에 따라 사망한 공무원의 배우자가 없는 경우에는 장례를 치르고 제사를 모시는 사람으로서 다음 각 호의 순위에 따른 사람 중 앞선 순위자에게 사망조위금을 지급한다. 다만, 장례를 치르고 제사를 모시는 사람 중 사망한 공무원의 직계비속인 공무원이 있는 경우에는 제1호에도 불구하고 그 직계비속인 공무원에게 사망조위금을 지급한다.

1. 사망한 공무원의 최근친 직계비속 중 나이가 가장 많은 사람
2. 사망한 공무원의 최근친 직계존속 중 나이가 가장 많은 사람
3. 사망한 공무원의 형제자매 중 나이가 가장 많은 사람

③ 법 제43조에 따라 사망조위금을 받으려는 사람은 사망조위금 청구서에 다음 각 호의 서류를 첨부하여 공단 또는 지방자치단체의 장에게 제출하여야 한다. 다만, 법 제43조제1항 후단에 따라 부양하던 공무원에게 지급하려는 경우에 공단 또는 지방자치단체의 장은 「전자정부법」 제36조제1항 또는 제2항에 따른 행정정보의 공동이용을 통하여 주민등록표 등본을 확인할 수 있으며, 청구인이 확인에

동의하지 아니하는 경우에는 그 서류를 직접 제출하게 하여야 한다.

1. 법 제43조제1항 또는 제2항에 따라 공무원의 배우자 등의 사망 사실을 증명할 수 있는 서류

2. 제1호에 따른 사망자와의 관계를 증명할 수 있는 서류

제7절의2 건강손상자녀에 대한 급여의 특례 〈신설 2025. 3. 18.〉

제54조의2(건강손상자녀 관련 유해인자) 법 제43조의2 전단에서 "대통령령으로 정하는 유해인자"란 별표 5의2에 따른 유해인자를 말한다.

[본조신설 2025. 3. 18.]

제54조의3(건강손상자녀의 장해등급 및 그 결정) ① 법 제43조의3에서 "대통령령으로 정하는 장해의 정도에 따른 등급"이란 별표 3에 따른 장해등급을 말한다.

② 제1항에 따른 장해등급의 결정에 관하여는 제40조제2항부터 제4항까지의 규정에 따른다.

[본조신설 2025. 3. 18.]

제8절 급여의 제한

제55조(고의·중과실 등에 따른 급여의 감액) 공무원등이 법 제44조제3항 각 호의 어느 하나에 해당하는 때에는 법 제8조에 따른 급여 중 장해급여, 순직유족급여 및 위험직무순직유족급여는 급여액의 2분의 1을 빼고 지급한다. 이 경우 연금인 급여는 그 사유가 발생

한 날이 속하는 달의 다음 달부터 적용한다.

제55조의2(양육책임 불이행에 따른 재해유족급여의 감액) ① 법 제44조제4항에 따라 공무원등에 대한 양육책임을 이행하지 않은 사람(이하 이 조에서 "급여제한심의대상자"라 한다)에 대해 재해유족급여의 제한을 신청하려는 공무원등의 유족은 급여제한 신청서에 다음 각 호의 서류를 첨부하여 공단에 신청하여야 한다.

1. 공무원등의 유족임을 증명하는 서류
2. 같은 순위의 유족 중 대표자가 청구하는 경우에는 유족의 대표자임을 증명하는 서류
3. 급여제한심의대상자의 양육책임 불이행을 증명하는 서류

② 공단은 제1항에 따라 신청을 받으면 급여제한심의대상자에게 그 사실을 알리고, 급여제한심의대상자로부터 양육책임 이행을 증명할 수 있는 서류를 제출받아 사실관계를 확인·조사한 후 그 결과를 제1항에 따른 신청서 및 첨부 서류와 함께 인사혁신처장에게 보내야 한다.

③ 인사혁신처장은 제2항에 따라 신청서 등을 받으면 심의회의 심의를 거쳐 급여제한 여부와 감액비율을 결정한다. 다만, 급여제한심의대상자가 「공무원연금법」 제63조제4항에 따라 퇴직유족급여의 제한 결정을 받은 경우에는 심의회의 심의를 거치지 않을 수 있다.

④ 인사혁신처장은 제3항에 따라 급여제한 여부와 감액비율을 결정하면 그 결정서를 신청인, 급여제한심의대상자 및 공단에 보내야 한다.

⑤ 공단은 제4항에 따라 결정서를 받으면 그에 따라 급여제한심

의대상자에게 급여를 산정하여 지급한다. 이 경우 급여제한심의대상자에게 제4항에 따라 지급하지 않은 급여액은 다음 각 호의 구분에 따라 지급한다.

1. 급여제한심의대상자와 같은 순위자가 있는 경우: 같은 순위자가 한 명인 경우에는 그 순위자에게 전액 지급하고, 여러 명인 경우에는 똑같이 나누어 지급

2. 급여제한심의대상자와 같은 순위자가 없는 경우

가. 급여의 전부를 지급하지 않은 경우: 다음 순위자가 한 명인 경우에는 그 순위자에게 전액 지급하고, 여러 명인 경우에는 똑같이 나누어 지급

나. 급여의 일부를 지급하지 않은 경우: 미지급

⑥ 공무원등에 대한 양육책임 불이행을 판단할 때에는 별표 5의3에서 정한 사항을 고려해야 한다. 〈개정 2025. 3. 18.〉

[본조신설 2021. 6. 22.]

제56조(진단 불응 시의 급여 감액) 공무원등이 정당한 사유 없이 인사혁신처장, 공단 또는 연금취급기관장이 급여 지급과 관련하여 요구하는 진단을 진단 기한 내에 받지 아니하였을 때에는 법 제45조에 따라 법 제8조에 따른 급여 중 요양급여, 장해급여 및 순직유족급여는 급여액의 2분의 1을 빼고 지급한다. 이 경우 연금인 급여는 그 진단 기한이 속하는 달의 다음 달부터 적용한다.

제3장 재해예방 및 재활·직무복귀 지원

제57조(재해예방 지원 사업) 법 제46조제2항제6호에서 "대통령령으

로 정하는 사항"이란 다음 각 호의 사항을 말한다.

1. 재해예방을 위한 제도 개선 등 종합적인 재해예방 계획의 마련

2. 공무원의 건강을 유지·증진하기 위한 시설의 설치 및 운영

3. 재해예방 교육·조사·연구 등을 위한 전문 인력의 양성

4. 그 밖에 재해예방을 위한 사업으로서 심의회의 심의를 거쳐 인사혁신처장이 정하는 사항

제58조(재활 및 직무복귀 지원 등) ① 임용권자는 공무상 재해를 입은 소속 공무원의 원활한 직무복귀를 위해 본인의 의사를 반영하여 보직할 수 있도록 노력해야 하며, 공무상 재해로 인한 건강상태를 이유로 인사에 불리한 처우를 해서는 안 된다. 〈신설 2020. 8. 25.〉

② 임용권자는 공무원 인사 관계 법령에 따른 필수보직기간에도 불구하고 다음 각 호의 어느 하나에 해당하는 사람이 공무상 재해로 인해 현 직위에서 근무하기 곤란하다고 판단되는 경우에는 다른 직위로 전보할 수 있다. 〈신설 2020. 8. 25.〉

1. 공무상 요양 중인 공무원

2. 공무상 요양을 마친 공무원으로서 요양을 마친 후 1년 이내인 공무원

③ 임용권자는 공무원 인사 관계 법령에 따른 공무상 질병휴직으로 인한 결원이 보충되지 않은 경우에는 해당 공무원의 업무를 대행하는 공무원을 지정할 수 있다. 이 경우 업무를 대행하는 공무원에게는 예산의 범위에서 수당 관계 법령에서 정하는 바에 따라 수당을 지급할 수 있다. 〈신설 2020. 8. 25.〉

④ 법 제47조제2항제5호에서 "대통령령으로 정하는 사항"이란 다

음 각 호의 사항을 말한다. 〈개정 2020. 8. 25.〉

1. 의료 · 직무 · 사회심리 재활 등 종합적인 재활 및 직무복귀 지원 계획의 마련

2. 재활 및 직무복귀 관련 조사 · 연구 등을 위한 전문 인력의 양성

3. 조기 직무적응을 위한 직무연수, 재훈련 등 교육 지원

4. 공무상 재해로 상실된 신체기능 보완을 위한 보조기기 지원(법 제22조제1항 각 호에 따른 요양에 해당하는 경우는 제외한다)

5. 그 밖에 재활 및 직무복귀 지원을 위한 사업으로서 심의회의 심의를 거쳐 인사혁신처장이 정하는 사항

[제목개정 2020. 8. 25.]

제4장 비용부담

제59조(급여에 드는 비용의 산정기초) 법 제48조제1항에 따라 국가 및 지방자치단체가 부담하는 급여에 드는 비용은 공무원의 퇴직률 · 보수인상률 · 정원증가율 · 의료수가인상률과 그 밖에 비용 산정에 영향을 미치는 모든 요인을 고려하여 산정하여야 한다.

제60조(재해보상부담금) ① 법 제49조제1항에 따른 재해보상부담금(이하 "재해보상부담금"이라 한다)은 다음 각 호의 구분에 따른 회계에서 부담한다. 〈개정 2020. 8. 25.〉

1. 과학기술정보통신부 우정사업본부 소속 공무원: 해당 과학기술정보통신부 우정사업본부 소관 특별회계

2. 그 밖의 국가공무원: 인사혁신처 소관 일반회계

3. 지방자치단체 소속 지방공무원 및 소방공무원: 해당 지방자치단체 소관 회계

4. 지방교육행정기관 소속 지방공무원 및 교육공무원: 해당 지방교육행정기관 소관 회계

② 재해보상부담금은 제59조에 따른 요인을 고려하여 산정한 금액으로 하되, 제1항 각 호별로 해당 연도 총 급여(지방자치단체 공무원에게 지급되는 부조급여는 제외한다. 이하 이 조에서 같다) 소요예상액을 각 호별 해당 연도 보수예산의 총액으로 나눈 비율(소수점 이하 셋째 자리까지 산정한다)을 각각의 소관 회계별 보수예산에 곱하여 산정한 금액으로 한다.

③ 제2항에 따라 재해보상부담금을 산정할 때에는 다음 각 호의 금액을 포함하여 산정하여야 한다.

1. 전전년도의 재해보상부담금으로 전전년도 급여의 지출을 충당하고 남거나 부족한 금액

2. 제85조제2항에 따른 요양급여비용 지급업무 등의 재위탁에 드는 비용

3. 전전년도에 「공무원연금법」에 따른 공무원연금기금(이하 "공무원연금기금"이라 한다)에서 일시차입한 경우 그 차입금의 이자

4. 그 밖에 해당 연도 급여 업무처리에 드는 모든 비용

④ 법 제49조제3항에 따라 공무원연금기금에서 일시차입하는 경우의 일시차입금에 대한 이자는 차입기간 동안 해당 연도마다 1월 1일 현재 전국은행이 적용하는 정기예금금리 중 가장 높은 금리를 적용하여 다음다음 회계연도 말까지 상환하여야 한다.

⑤ 국가나 지방자치단체가 부담하는 재해보상부담금의 납입에 관하여는 「공무원연금법 시행령」 제67조제4항부터 제10항까지의 규정을 준용한다.

제61조(재해보상부담금의 납부) 국가나 지방자치단체가 재해보상부담금을 공단에 내려는 경우로서 제85조제1항에 따라 공단이 재해보상부담금의 수납업무를 재위탁한 경우에는 그 업무를 재위탁받은 체신관서 또는 금융회사에 납입하여야 한다.

제5장 심사의 청구

제62조(심사 청구의 절차) ① 급여에 관한 결정과 그 밖에 법에 따른 급여 등에 관하여 이의가 있는 사람은 법 제51조에 따라 법 제52조에 따른 공무원재해보상연금위원회(이하 "위원회"라 한다)에 심사를 청구하려는 경우에는 법 제51조제2항에 따른 기간 내에 심사청구서에 이유서를 첨부하여 공단에 제출하여야 한다. 다만, 법 제9조제4항에 따른 지방자치단체 공무원의 재난부조금 및 사망조위금에 관한 결정에 이의가 있는 사람은 해당 지방자치단체의 장에게 제출하여야 한다.

② 공단은 제1항 본문에 따른 심사청구가 인사혁신처장의 급여 결정 등에 대한 것인 경우 그 청구서를 지체 없이 위원회로 보내야 하며, 위원회는 인사혁신처장으로 하여금 10일 이내에 답변서와 그 밖에 필요한 자료를 위원회에 제출하도록 하여야 한다.

③ 제1항 본문에 따른 청구서를 받은 공단(심사청구가 공단의 급여 결정 등에 대한 것인 경우만 해당한다) 또는 제1항 단서에 따른

청구서를 받은 지방자치단체의 장은 10일 이내에 답변서와 그 밖에 필요한 자료를 첨부하여 위원회에 보내야 한다.

제63조(위원회의 보완 요구 등) ① 위원회는 제62조제1항에 따른 심사청구서 또는 같은 조 제2항 및 제3항에 따른 답변서에 미비사항이 있을 때에는 보완기간을 정하여 청구인·인사혁신처장·공단 또는 지방자치단체의 장에게 보완을 요구하여야 한다.

② 위원회는 청구인이 제1항에 따른 보완기간 내에 보완을 하지 아니한 경우로서 그 청구서에 기재된 사실만으로는 심사를 할 수 없을 때에는 그 청구를 각하할 수 있다.

③ 위원회는 심사를 위하여 필요한 경우 학계·민간단체 또는 그 밖의 관련 전문가에게 자문할 수 있다.

제64조(관계인에 대한 통지) ① 위원회는 제62조에 따른 심사청구가 있을 때에는 그 심사청구와 관계되는 공무원, 연금취급기관장과 그 밖의 관계인에게 통지하여야 한다.

② 제1항에 따른 통지를 받은 자는 법 제53조제6항에 따라 위원회에 해당 심사청구에 대하여 의견을 진술할 수 있다.

제65조(심사의 결정) ① 심사의 결정은 문서로 하여야 한다.

② 제1항에 따른 결정서에는 주문(主文)과 이유를 적어 그 등본을 청구인, 연금취급기관장 및 그 밖의 관계인에게 송달하여야 한다.

제66조(결정의 효력) 위원회에서 결정한 사항은 결정서 등본이 청구인에게 송달된 때부터 효력이 발생한다.

제67조(위원회의 사무기구) ① 법 제52조제4항에 따라 다음 각 호의 업무를 수행하기 위하여 위원회에 사무기구를 둔다.

1. 위원회의 심사 및 운영 지원

2. 심사 관련 법령 및 제도의 개선사항 발굴

3. 그 밖에 위원회의 업무를 지원하기 위하여 필요한 업무로서 위원회의 위원장이 정하는 업무

② 사무기구의 장은 사무기구의 사무를 총괄하며, 소속 직원을 지휘·감독한다.

③ 사무기구의 직원은 인사혁신처 소속 공무원 중에서 인사혁신처장이 임명한다.

제68조(위원회의 전문 인력) ① 위원회는 법 제52조제5항에 따라 다음 각 호의 업무를 수행하는 전문 인력을 둘 수 있다.

1. 심사 관련 법적·의학적 판단 등을 위한 자문에 대한 답변과 조언

2. 심사 관련 공무상 재해 여부 등 판단을 위한 현장조사

3. 심사 관련 법령 및 제도에 관한 연구

② 전문 인력은 위원회의 위원장이 다음 각 호의 사람 중에서 임명하거나 위촉한다. 다만, 심의회 또는 위원회의 위원인 사람은 제외한다.

1. 「변호사법」 제4조에 따른 변호사 자격 보유자

2. 「의료법」 제2조에 따른 의료인

3. 그 밖에 재해보상·연금·복지·복무 등 인사행정 또는 사회보장 분야에 관한 학식과 경험이 풍부한 사람

제69조(위원회의 위원의 연임 등) 법 제53조제4항 본문에 따라 위원회의 위원장과 위원은 두 차례만 연임할 수 있다.

제70조(위원회의 위원의 결격사유 등) ①「국가공무원법」 제33조 각 호의 결격사유에 해당하는 사람은 위원회의 위원이 될 수 없으며, 위원회의 위원이 「국가공무원법」 제33조 각 호의 결격사유에 해당하게 된 경우에는 당연히 면직되거나 해촉된다.

② 대통령은 위원회의 위원이 다음 각 호의 어느 하나에 해당하는 경우에는 해당 위원을 면직하거나 해촉할 수 있다.

1. 심신장애로 인하여 직무를 수행할 수 없게 된 경우
2. 직무와 관련된 비위사실이 있는 경우
3. 직무태만, 품위손상이나 그 밖의 사유로 위원회의 위원으로 적합하지 아니하다고 인정되는 경우
4. 위원회의 위원 스스로 직무를 수행하기 어렵다는 의사를 밝히는 경우

제71조(위원회의 위원의 제척·기피·회피) ① 위원회의 위원은 다음 각 호의 어느 하나에 해당하는 경우에는 그 안건의 심의·의결에서 제척(除斥)된다.

1. 위원회의 위원 또는 그 배우자이거나 배우자였던 사람이 해당 안건의 청구인이 되거나 그 안건과 관련하여 이해관계가 있는 경우
2. 위원회의 위원이 그 안건의 청구인과 「민법」 제777조에 따른 친족이거나 친족이었던 경우
3. 위원회의 위원이 그 안건에 관하여 증언이나 감정을 한 경우
4. 위원회의 위원이 그 안건에 관하여 청구인의 대리인으로서 관여하거나 관여하였던 경우
5. 위원회의 위원이 그 안건의 대상이 된 급여 결정 등에 관여한

경우

② 안건의 청구인은 위원회의 위원에게 공정한 심의·의결을 기대하기 어려운 사정이 있는 경우에는 기피신청을 할 수 있다.

③ 위원회의 위원은 제1항 또는 제2항의 사유에 해당하면 스스로 그 안건의 심의·의결을 회피할 수 있다.

제72조(위원회의 위원장의 직무) ① 위원회의 위원장은 위원회를 대표하며, 위원회의 업무를 총괄한다.

② 위원회의 위원장이 부득이한 사유로 직무를 수행할 수 없을 때에는 위원회의 위원장이 지명하는 위원이 그 직무를 대행한다.

제73조(위원회의 회의) ① 위원회의 위원장은 위원회의 회의를 소집하고 그 의장이 된다.

② 위원회의 회의는 법 제53조제5항에 따른 구성원 과반수의 출석으로 개의(開議)하고, 출석위원 과반수의 찬성으로 의결한다.

③ 위원회의 회의는 위원과 심사 청구인, 관계 공무원 및 그 밖의 이해관계인 등 회의에 출석하는 사람(이하 이 항에서 "출석자"라 한다)이 동영상과 음성이 동시에 송수신되는 장치가 갖추어진 서로 다른 장소에 출석하여 진행하는 원격영상회의 방식으로 할 수 있다. 이 경우 위원회의 위원 및 출석자는 같은 회의장에 출석한 것으로 본다. 〈신설 2021. 6. 22.〉

제74조(위원회의 간사와 서기) ① 위원회의 사무를 처리하기 위하여 위원회에 간사 1명과 서기 몇 명을 둔다.

② 간사 및 서기는 제67조에 따른 위원회의 사무기구 소속 직원 중에서 인사혁신처장이 임명한다.

第75조(위원회의 위원의 수당 등) 위원회에 참석하는 위원회의 위원 및 법 제53조제6항에 따라 출석한 이해관계인 등에게는 예산의 범위에서 수당과 여비를 지급할 수 있다. 다만, 공무원이 소관 업무와 직접적으로 관련되어 출석한 경우에는 그러하지 아니하다.

第76조(위원회의 운영세칙) 이 영에서 규정한 사항 외에 위원회의 운영에 필요한 사항은 위원회의 의결을 거쳐 위원회의 위원장이 정한다.

第6장 보칙

第77조(시효기산일) 법 제51조제1항에 따라 위원회에 심사를 청구한 사람이 그 청구에 대하여 인용(認容) 결정을 받은 경우 그에 관련되는 급여를 받을 권리에 대한 법 제54조에 따른 소멸시효기간은 그 인용 결정이 확정된 날부터 기산(起算)한다.

第78조(자료수집 등 실태조사) 인사혁신처장 및 공단은 공무원 재해보상제도의 개선에 관한 자료수집 등 실태조사를 연금취급기관장에게 의뢰할 수 있다.

第79조(자료제공의 요청 및 방법 등) ① 법 제58조제1항 전단에서 "대통령령으로 정하는 기관 · 법인 · 단체"란 별표 6에 따른 기관 · 법인 · 단체를 말한다.

② 법 제58조제1항 전단에서 "대통령령으로 정하는 자료"란 별표 7에 따른 자료를 말한다.

③ 법 제58조제1항에 따라 자료 제공을 요청받은 기관 · 법인 · 단체의 장은 제2항에 따른 자료가 디스켓, 자기테이프, 마이크로필름,

광디스크 등 전산기록장치 또는 전산프로그램을 이용하여 저장되어 있는 경우에는 저장된 형태로 자료를 제공할 수 있다.

제80조(사실 확인의 통보) 인사혁신처장은 법 제59조제1항 및 제2항에 해당한다는 사실을 알게 되었을 때에는 「국가유공자 등 예우 및 지원에 관한 법률 시행령」 제9조제2항 또는 「보훈보상대상자 지원에 관한 법률 시행령」 제6조제2항에 따라 국가유공자 또는 보훈보상대상자 요건과 관련된 사실을 확인하여 지체 없이 국가보훈부장관에게 통보하여야 한다. 〈개정 2023. 4. 11.〉

제81조(순직공무원 등에 대한 예우 및 지원) 국가 또는 지방자치단체는 법 제59조제5항에 따라 순직공무원 또는 위험직무순직공무원과 그 유족에게 다음 각 호의 예우 및 지원을 할 수 있다. 〈개정 2021. 1. 5.〉

1. 유족에 대한 취업정보 제공
2. 영구(靈柩)용 태극기의 지원
3. 장례 비용 또는 물품의 지원
4. 그 밖에 인사혁신처장이 순직공무원 등과 그 유족에 대한 예우 및 지원을 위하여 필요하다고 인정하는 사항

제82조(공무수행사망자의 인정 청구 등) ① 법 제60조제3항에 따라 공무수행사망자의 인정과 공무수행사망자로서 순직공무원 또는 위험직무순직공무원의 인정(이하 "공무수행사망자의 인정등"이라 한다)을 위한 청구는 함께 하여야 한다. 이 경우 순직공무원 및 위험직무순직공무원의 인정을 위한 청구를 함께 할 수 있다.

② 제1항에 따라 공무수행사망자의 인정등을 위한 청구를 하려는

사람은 제50조제1항에 따른 순직·위험직무순직유족급여 청구서에 다음 각 호의 서류를 첨부하여 사망자의 사망 당시(부상 또는 질병으로 사망한 경우에는 그 부상 또는 질병 발생 당시를 말한다. 이하 이 항에서 같다) 소속 연금취급기관장(소속 연금취급기관장이 없는 경우에는 그 사망자가 사망 당시 공무를 수행하였던 기관을 관할하는 연금취급기관장을 말한다. 이하 이 조에서 같다)에게 제출하여야 한다.

1. 「산업재해보상보험법」 등에 따른 업무상의 사유에 의한 사망으로 인정되어 보험급여를 받은 사실을 증명하는 서류

2. 사망자의 사망 사실 및 그 사망자의 유족임을 증명하는 서류

3. 같은 순위의 유족 중 대표자가 청구하는 경우에는 제18조에 따른 유족의 대표자임을 증명하는 서류

③ 연금취급기관장은 제2항에 따라 청구서 등을 받으면 지체 없이 사망경위를 조사·확인한 후 그 청구서 등에 다음 각 호의 서류를 첨부하여 공단에 보내야 한다.

1. 사망자와의 고용관계 및 담당 사무를 증명하는 자료

2. 사망자에 대한 보수 등의 지급 근거 자료

3. 사망경위 조사서

④ 공단은 제3항에 따라 공무수행사망자의 인정등을 위한 청구를 받으면 사실관계 확인·조사 결과를 순직·위험직무순직유족급여 청구서류와 함께 인사혁신처장에게 보내야 한다.

⑤ 인사혁신처장은 제4항에 따라 순직·위험직무순직유족급여 청구서류 등을 받으면 심의회의 심의를 거쳐 공무수행사망자의 인정등

여부를 결정하여 결정서를 청구인, 연금취급기관장 및 공단에 보내야 한다.

⑥ 공무수행사망자에 대하여 법 제54조를 적용하는 경우에 법 제54조 중 "급여를 받을 권리"는 "공무수행사망자의 인정과 공무수행사망자로서 순직공무원의 인정 또는 공무수행사망자로서 위험직무순직공무원의 인정 및 위험직무순직유족보상금을 받을 권리"로, "급여의 사유가 발생한 날"은 "사망한 날"로 본다.

제83조(공무원재해보상시스템의 운영) 인사혁신처장은 공무원 재해보상 업무의 투명성과 효율성을 높이기 위하여 공무원 재해보상과 관련한 급여의 청구, 결정 및 지급 등을 위한 공무원재해보상시스템을 운영할 수 있다.

제84조(인사혁신처장의 업무 위탁) 법 제61조제1항제10호에서 "대통령령으로 정하는 사항"이란 다음 각 호의 사항을 말한다. 〈개정 2020. 8. 25., 2021. 6. 22., 2023. 6. 7., 2025. 3. 18.〉

1. 법 제6조제2항에 따라 심의회의 심의에서 제외되는 급여(요양급여로 한정한다)에 대한 결정

1의2. 법 제9조제2항 각 호 외의 부분 단서에 따른 급여에 대하여 기관장의 확인을 받는 업무

2. 법 제33조제3항 단서에 따른 급여 차액 등의 수납

3. 법 제41조에 따른 행방불명자에게 지급할 장해유족연금 등의 지급

3의2. 법 제44조에 따른 급여의 제한에 관한 사항

4. 법 제50조에 따른 공무원연금액의 이체

4의2. 법 제57조의2에 따른 역학조사

5. 제16조에 따른 급여 종류의 변경

6. 제32조제5항 후단, 제43조제4항 후단 및 제44조제3항 후단(제46조제2항에서 준용하는 경우를 포함한다)에 따른 진단에 드는 비용의 지급

7. 제80조에 따른 사실 확인의 통보

8. 제83조에 따른 공무원재해보상시스템의 운영

제85조(공단의 업무 재위탁) ① 공단은 법 제61조제6항에 따라 다음 각 호의 업무를 인사혁신처장의 승인을 받아 체신관서 또는 금융회사에 재위탁할 수 있다.

1. 법 제61조제1항제3호에 따른 급여의 지급(제2항제2호에 따라 재위탁된 요양급여비용의 지급은 제외한다)

2. 법 제61조제1항제4호에 따른 급여의 환수금 등, 법 제61조제1항제5호에 따른 손해배상청구권의 행사로 받는 금액, 제84조제2호에 따른 급여 차액 등, 제84조제5호에 따른 급여 종류의 변경에 따라 반납받는 금액 등의 수납

3. 법 제61조제1항제9호에 따른 재해보상부담금의 수납

② 공단은 법 제61조제6항에 따라 다음 각 호에 해당하는 업무의 전부 또는 일부를 인사혁신처장의 승인을 받아 「국민건강보험법」에 따른 국민건강보험공단 또는 건강보험심사평가원, 「산업재해보상보험법」에 따른 근로복지공단 등 관계 전문기관에 재위탁할 수 있다.

1. 제30조제1항에 따른 요양급여비용의 심사

2. 제30조제1항에 따른 요양급여비용의 지급(법 제25조제1호에

따라 산정하는 요양급여비용의 지급 업무로 한정한다)

3. 그 밖에 제1호 및 제2호에 따른 업무와 관련된 업무

③ 공단은 제1항 및 제2항에 따라 업무를 재위탁하는 경우 해당 기관에 재위탁에 따른 수수료를 지급할 수 있다.

제86조(민감정보 및 고유식별정보의 처리) ① 국가, 지방자치단체, 인사혁신처장, 연금취급기관장, 공단(법 제61조제6항 및 이 영 제85조에 따라 공단의 업무를 재위탁받은 기관을 포함한다), 심의회 또는 위원회는 다음 각 호의 사무 수행을 위하여 불가피한 경우에는 법 또는 이 영에 따라 받은 서류 및 자료에 포함된 「개인정보 보호법」 제23조에 따른 건강에 관한 정보, 같은 법 시행령 제18조제2호에 따른 범죄경력자료에 해당하는 정보, 같은 영 제19조에 따른 주민등록번호 · 여권번호 또는 외국인등록번호가 포함된 자료를 처리할 수 있다. 〈개정 2025. 3. 18.〉

1. 법 제9조에 따른 급여 청구의 접수 · 심의 · 결정 · 지급

2. 법 제12조에 따른 유족이 없는 경우의 급여 지급

3. 법 제15조에 따른 이민이나 국적 상실 시 연금 등의 지급

4. 법 제16조에 따른 급여의 환수

5. 법 제17조에 따른 미납금의 공제 지급

6. 법 제19조 및 제20조에 따른 급여 간 조정

7. 법 제21조에 따른 제3자에 대한 손해배상청구권 행사

8. 법 제22조 및 제23조에 따른 공무상 요양 · 재요양 급여

9. 법 제30조 및 제31조에 따른 장해등급의 개정 및 둘 이상 장해의 병합처리

10. 법 제32조에 따른 장해연금의 지급정지

11. 법 제33조 및 제41조에 따른 행방불명자에게 지급할 급여의 지급

12. 법 제40조에 따른 장해유족연금 등의 수급권 상실 및 이전

13. 법 제44조 및 제45조에 따른 급여의 제한

14. 법 제47조에 따른 재활 및 직무복귀 지원

15. 법 제51조에 따른 심사의 청구

15의2. 법 제56조 및 제57조에 따른 확인 및 조사·보고 등

15의3. 법 제57조의2에 따른 역학조사

16. 법 제58조에 따른 자료제공의 요청

17. 법 제59조 및 이 영 제81조에 따른 보훈 등 예우

18. 법 제60조에 따른 공무수행사망자에 대한 특례

19. 법 제62조 및 제63조에 따른 벌칙 적용 및 과태료

② 법 제7조제6항 및 제53조제6항에 따라 심의회 및 위원회로부터 자료 제출을 요구받은 사람·기관 등 또는 법 제57조제1항, 제57조의2제5항 및 제58조제1항에 따라 인사혁신처장 및 공단으로부터 자료 제공 등을 요청받은 국가기관, 지방자치단체, 요양기관, 그 밖의 기관·법인·단체의 장은 자료 제공 등을 위하여 불가피한 경우 제1항 각 호 외의 부분에 따른 개인정보가 포함된 자료를 처리할 수 있다. 〈개정 2025. 3. 18.〉

제87조(서식) 법 및 이 영의 시행에 필요한 서식은 공단이 미리 인사혁신처장과 협의를 거쳐 정한다.

부칙 〈제29180호, 2018. 9. 18.〉

제1조(시행일) 이 영은 2018년 9월 21일부터 시행한다.

제2조(급여 등의 심의에 관한 적용례) 부칙 제11조에도 불구하고 제6조제1호는 이 영 시행 당시 추가적 부상이나 질병 또는 합병증에 대하여 공무상 요양 승인이 신청되어 절차가 진행 중인 경우에도 적용한다.

제3조(급여 등 청구 및 결정·지급 절차에 관한 적용례) 부칙 제11조에도 불구하고 제14조, 제22조, 제28조부터 제32조까지, 제35조, 제41조, 제43조, 제49조 및 제50조는 이 영 시행 당시 급여 등이 청구되어 급여의 결정을 위한 심의 또는 심사가 진행 중인 경우에도 적용한다.

제4조(종합장해등급 결정에 관한 적용례) 부칙 제11조에도 불구하고 별표 4 비고 단서는 이 영 시행 전에 장해급여의 사유가 발생한 사람에 대해서도 적용한다.

제5조(직권에 의한 장해등급 재판정에 관한 적용례) 부칙 제11조에도 불구하고 제44조는 이 영 시행 이후 장해연금 수급권자가 되는 경우부터 적용한다.

제6조(장해 상태 확인을 위한 진단 요구 등에 관한 적용례) 부칙 제11조에도 불구하고 제46조는 이 영 시행 당시 유족인 19세 이상 자녀와 손자녀(손자녀의 아버지를 포함한다) 및 장해연금 수급권자에게도 적용한다.

제7조(심사 청구의 절차에 관한 적용례) 부칙 제11조에도 불구하고 제62조부터 제66조까지의 규정은 이 영 시행 당시 심사가 청구되어

절차가 진행 중인 경우에도 적용한다.

제8조(부양사실의 인정기준에 관한 경과조치) ① 이 영 시행 전의 부양사실의 인정기준에 관하여는 제4조제1항 및 별표 1에도 불구하고 종전의 「공무원연금법 시행령」(이하 대통령령 제29181호로 전부개정되기 전의 것을 말하며, 부칙 제17조는 제외한다) 제3조제1항 및 별표 1에 따른다. 이 경우 더통령령 제20501호 공무원연금법 시행령 일부개정령 별표 1의 개정규정은 같은 영 시행일인 2008년 1월 1일 후 공무원 또는 공무원이었던 사람의 사망에 따라 유족연금을 받을 사람을 결정하거나 종전에 유족급여를 받던 유족의 사망 등으로 인하여 새로 유족급여를 받을 사람을 결정하는 경우부터 적용한다.

② 제1항 전단에도 불구하고 대통령령 제17891호 공무원연금법 시행령중개정령 시행일인 2003년 1월 20일 전에 급여의 사유가 발생한 사람에 대해서는 같은 영 제3조제1항 및 별표 1의 개정규정에도 불구하고 같은 영으로 개정되기 전의 규정에 따른다.

제9조(공무상 부상 또는 질병의 인정기준에 관한 경과조치) 이 영 시행 전의 공무상 부상 또는 질병의 인정기준에 관하여는 제5조에도 불구하고 종전의 「공무원연금법 시행령」 제29조 및 별표 2의2에 따른다. 이 경우 대통령령 제27415호 공무원연금법 시행령 일부개정령 시행일인 2016년 7월 28일 전에 공단에 같은 영 제20조의2 제1항 각 호의 급여를 신청하여 심의 중인 경우에는 같은 영 제29조 및 별표 2의2의 개정규정을 적용한다.

제10조(심의회의 위원 및 위원회의 위원에 관한 경과조치) ① 이 영

시행 당시 종전의 「공무원연금법 시행령」 제20조 또는 제83조의3에 따른 공무원연금급여심의회 또는 위험직무순직보상심사위원회의 위원은 이 영 시행일 이후 3개월의 범위에서 심의회의 위원이 구성될 때까지 심의회의 위원으로 본다. 이 경우 그 위원의 임기는 남은 임기로 한정한다.

② 이 영 시행 당시 종전의 「공무원연금법 시행령」 제84조에 따른 공무원연금급여 재심위원회의 위원은 이 영 시행일 이후 3개월의 범위에서 위원회의 위원이 구성될 때까지 위원회의 위원으로 본다. 이 경우 그 위원의 임기는 남은 임기로 한정한다.

제11조(급여사유 발생에 관한 일반적 경과조치) ① 이 영 시행 전에 급여의 사유가 발생한 사람에 대한 급여에 관하여는 종전의 「공무원연금법 시행령」에 따른다.

② 제1항에도 불구하고 대통령령 제12380호 공무원연금법시행령중개정령 시행일인 1988년 1월 23일 전에 급여의 사유가 발생한 사람에 대한 급여에 관하여는 같은 영으로 개정되기 전의 규정에 따른다.

③ 제1항에도 불구하고 1989년 9월 30일 이전에 지급사유가 발생한 급여에 관하여는 대통령령 제12822호 공무원연금법시행령중개정령으로 개정되기 전의 규정에 따른다.

④ 제1항에도 불구하고 대통령령 제17101호 공무원연금법시행령중개정령 시행일인 2001년 1월 1일 전에 급여의 사유가 발생한 사람에 대한 급여에 관하여는 같은 영으로 개정되기 전의 규정에 따른다.

제12조(급여의 환수에 관한 경과조치) ① 이 영 시행 전의 급여의 환수에 관하여는 제24조에도 불구하고 종전의 「공무원연금법 시행령」 제26조에 따른다. 이 경우 대통령령 제21974호 공무원연금법 시행령 일부개정령 제26조제4항의 개정규정은 같은 영 시행일인 2010년 1월 1일 이후에 환수금의 분할납부 승인을 받은 사람부터 적용하고, 대통령령 제22175호 공무원연금법 시행령 일부개정령 제26조제4항 및 제5항의 개정규정은 같은 영 시행일인 2010년 5월 31일 당시 환수금을 납부할 금액이 있는 사람의 남은 납부액부터 적용한다.

② 제1항 전단에도 불구하고 대통령령 제12653호 공무원연금법 시행령중개정령 제26조제1항에 따른 이자율은 그 이자의 계산기간이 1988년 12월 4일 이전인 경우에는 같은 영 제26조제1항의 개정규정에도 불구하고 같은 영으로 개정되기 전의 규정에 따른다.

③ 제1항 전단에도 불구하고 대통령령 제17101호 공무원연금법 시행령중개정령 시행일인 2001년 1월 1일 전에 종전의 「공무원연금법」(법률 제6328호로 일부개정되기 전의 것을 말한다. 이하 제4항에서 같다) 제31조제1항에 따라 급여의 환수처분을 한 급여액에 가산할 이자 및 환수금에 가산할 연체이자의 계산기간은 같은 영 제26조제1항의 개정규정에도 불구하고 같은 영으로 개정되기 전의 규정에 따른다.

④ 제1항 전단에도 불구하고 대통령령 제17101호 공무원연금법 시행령중개정령 시행일인 2001년 1월 1일 전에 종전의 「공무원연금법」 제31조제1항제2호 및 제3호에 따라 급여의 환수처분을 한

급여액의 환수는 같은 영 제26조제4항의 개정규정에도 불구하고 같은 영으로 개정되기 전의 규정에 따른다.

제13조(재요양의 요건에 관한 경과조치) 이 영 시행 전의 재요양의 요건에 관하여는 제32조에도 불구하고 종전의 「공무원연금법 시행령」 제33조에 따른다. 이 경우 대통령령 제23276호 공무원연금법 시행령 일부개정령 시행일인 2011년 11월 5일 전에 종전의 「공무원연금법」(법률 제10984호로 일부개정되기 전의 것을 말한다. 이하 이 조에서 같다) 제36조에 따라 공무상요양일시금을 받은 사람으로서 받은 공무상요양일시금에 해당하는 기간이 종료된 사람은 법률 제10984호 공무원연금법 일부개정법률 제36조 및 같은 영 제33조에 따라 재요양을 신청할 수 있고, 같은 영 시행일인 2011년 11월 5일 전에 종전의 「공무원연금법」 제51조에 따라 장해보상금을 받은 사람은 그 장해보상금의 지급일부터 5년이 지난 날 이후부터 같은 영 제33조의 개정규정에 따른 재요양을 신청할 수 있다.

제14조(급여의 감액에 관한 경과조치) 이 영 시행 전의 급여의 감액에 관하여는 제55조 및 제56조에도 불구하고 종전의 「공무원연금법 시행령」 제53조 및 제54조에 따른다. 이 경우 대통령령 제23276호 공무원연금법 시행령 일부개정령 제53조 및 제54조의 개정규정은 같은 영 시행일인 2011년 11월 5일 당시 종전의 「공무원연금법」(법률 제10984호로 일부개정되기 전의 것을 말한다) 제62조제3항 각 호의 어느 하나 또는 같은 법 제63조에 따른 급여의 감액사유가 있는 경우에 대해서도 적용한다.

제15조(시효기산일에 관한 경과조치) 이 영 시행 전에 법 제8조에

따른 급여(위험직무순직유족급여는 제외한다)에 관하여 종전의「공무원연금법」(법률 제15523호로 전부개정되기 전의 것을 말한다)에 따라 급여가 결정된 경우에는 제77조에도 불구하고 종전의 「공무원연금법 시행령」 제96조제1항을 적용한다.

제16조(서식에 관한 경과조치) 이 영 시행 당시 종전의 「공무원연금법 시행령」에 따라 제출한 청구서 등은 이 영에 따라 제출한 청구서 등으로 본다.

제17조(종전 부칙의 적용범위에 관한 경과조치) 종전의 「공무원연금법 시행령」의 개정에 따라 규정하였던 종전의 부칙은 이 영 시행 전에 그 효력이 이미 상실된 경우를 제외하고는 이 영의 규정에 위배되지 아니하는 범위에서 이 영 시행 이후에도 계속하여 적용한다.

제18조(다른 법령의 개정) ① 감염병의 예방 및 관리에 관한 법률 시행령 일부를 다음과 같이 개정한다.

제29조제3호나목 중 "「공무원연금법」"을 "「공무원연금법」, 「공무원 재해보상법」"으로 한다.

② 개발제한구역의 지정 및 관리에 관한 특별조치법 시행령 일부를 다음과 같이 개정한다.

제27조의2제2항제4호 각 목 외의 부분 본문 중 "「공무원연금법」"을 "「공무원연금법」, 「공무원 재해보상법」"으로 한다.

③ 경찰공무원 보건안전 및 복지 기본법 시행령 일부를 다음과 같이 개정한다.

제11조제1항 중 "「공무원연금법」 제26조제1항에 따라 공무상요양비"를 "「공무원 재해보상법」 제9조에 따라 요양급여"로 하고, 같

은 조 제2항 중 “「공무원연금법」 제35조제1항”을 “「공무원 재해보상법」 제22조제1항”으로 한다.

④ 경찰공무원 승진임용 규정 일부를 다음과 같이 개정한다.

제5조제2항제1호가목 중 “「공무원연금법」”을 “「공무원 재해보상법」”으로 한다.

제6조제1항제1호 중 “「공무원연금법」”을 “「공무원 재해보상법」”으로 한다.

⑤ 공무원수당 등에 관한 규정 일부를 다음과 같이 개정한다.

제10조제3항제4호 중 “「공무원연금법 시행령」 제45조”를 “「공무원 재해보상법 시행령」 제40조”로 한다.

⑥ 공무원임용령 일부를 다음과 같이 개정한다.

제32조제1항제1호 본문 중 “「공무원연금법」”을 “「공무원 재해보상법」”으로 한다.

제57조의7 중 “「공무원연금법 시행령」 제30조”를 “「공무원 재해보상법 시행령」 제28조”로 한다.

⑦ 교육공무원 승진규정 일부를 다음과 같이 개정한다.

제11조제1항제1호가목 중 “「공무원연금법」”을 “「공무원 재해보상법」”으로 한다.

⑧ 교육공무원임용령 일부를 다음과 같이 개정한다.

제16조제1항제1호 중 “「공무원연금법」”을 “「공무원 재해보상법」”으로 한다.

⑨ 국가공무원 명예퇴직수당 등 지급 규정 일부를 다음과 같이 개정한다.

제4조 단서 중 “장애”를 “장해”로 한다.

별표 2의 제목 중 “장애등급”을 “장해등급”으로 하고, 같은 표의 표 중 “장애등급”을 “장해등급”으로 하며, 같은 표 비고 중 “장애등급은 「공무원연금법 시행령」 제45조”를 “장해등급은 「공무원 재해보상법 시행령」 제40조”로 한다.

⑩ 국가공무원 복무규정 일부를 다음과 같이 개정한다.

제15조제2항제3호 중 “「공무원연금법」”을 “「공무원 재해보상법」”으로 한다.

⑪ 국가보안유공자 상금지급 등에 관한 규정 일부를 다음과 같이 개정한다.

제18조 중 “「공무원연금법」”을 “「공무원 재해보상법」”으로 한다.

⑫ 국가유공자 등 예우 및 지원에 관한 법률 시행령 일부를 다음과 같이 개정한다.

제9조제1항제4호가목 중 “「공무원연금법 시행령」 제30조 또는 제46조”를 “「공무원 재해보상법 시행령」 제28조 또는 제41조”로 하고, 같은 호 나목 중 “「공무원연금법 시행령」 제30조 또는 제46조”를 “「공무원 재해보상법 시행령」 제28조 또는 제41조”로, “「공무원연금법」”을 “「공무원 재해보상법」”으로 한다.

제9조제4항 중 “「공무원연금법 시행령」 제30조에 따른 건강진단결과통보서 사본, 상병”을 “「공무원 재해보상법 시행령」 제28조에 따른”으로, “제46조제2호에 따른 장애경위조사서”를 “제41조에 따른 장해경위 조사서”로, “제52조”를 “제50조”로 한다.

⑬ 국군재정관리단령 일부를 다음과 같이 개정한다.

제2조제3호 중 "「공무원연금법」 제25조"를 "「공무원연금법」 제29조 또는 「공무원 재해보상법」 제9조"로 한다.

⑭ 국민기초생활 보장법 시행령 일부를 다음과 같이 개정한다.

제5조제1항제4호다목 중 "「공무원연금법」"을 "「공무원연금법」, 「공무원 재해보상법」"으로 한다.

⑮ 군무원인사법 시행령 일부를 다음과 같이 개정한다.

제39조제2항제1호가목 중 "「공무원연금법」"을 "「공무원 재해보상법」"으로 한다.

제40조제1항제1호 단서 중 "「공무원연금법」"을 "「공무원 재해보상법」"으로 한다.

제49조제4항 단서 중 "「공무원연금법」"을 "「공무원 재해보상법」"으로 한다.

⑯ 군인연금법 시행령 일부를 다음과 같이 개정한다.

제38조의2제12호 중 "공무원연금 가입 및 수급자료"를 "공무원연금 가입과 수급자료 및 공무원 재해보상 관련 자료"로 한다.

⑰ 동의대 사건 희생자의 명예회복 및 보상에 관한 법률 시행령 일부를 다음과 같이 개정한다.

별표 2 1급·2급 및 3급의 장해의 정도란 중 "「공무원연금법 시행령」 별표 3의 장애등급"을 각각 "「공무원 재해보상법 시행령」 별표 3의 장해등급"으로 하고, 같은 표 비고 제2호 중 "「공무원연금법 시행령」 제45조제2항"을 "「공무원 재해보상법 시행령」 제40조제2항"으로 한다.

⑱ 범죄피해자 보호법 시행령 일부를 다음과 같이 개정한다.

제16조제9호 중 "「공무원연금법」 제42조제2호 · 제3호가목(퇴직연금 수급권자의 사망에 따른 유족연금은 제외한다) 및 사목"을 "「공무원연금법」 제28조제3호, 「공무원 재해보상법」 제8조제3호, 같은 조 제5호가목, 같은 호 나목1) 및 다목1)"로 한다.

⑲ 별정우체국법 시행령 일부를 다음과 같이 개정한다.

제2조의3제2항 중 "「공무원연금법 시행령」 제45조"를 "「공무원 재해보상법 시행령」 제40조"로 한다.

제35조 중 "「공무원연금법 시행령」 제45조"를 "「공무원 재해보상법 시행령」 제40조"로 한다.

제42조의3 중 "「공무원연금법 시행령」 제45조"를 "「공무원 재해보상법 시행령」 제40조"로 한다.

제46조 중 "「공무원연금법 시행령」 제45조"를 "「공무원 재해보상법 시행령」 제40조"로 한다.

⑳ 보훈보상대상자 지원에 관한 법률 시행령 일부를 다음과 같이 개정한다.

제6조제1항제5호가목 중 "「공무원연금법 시행령」 제30조 또는 제46조"를 "「공무원 재해보상법 시행령」 제28조 또는 제41조"로 하고, 같은 호 나목 중 "「공무원연금법 시행령」 제30조 또는 제46조"를 "「공무원 재해보상법 시행령」 제28조 또는 제41조"로, "「공무원연금법」"을 "「공무원 재해보상법」"으로 한다.

제6조제3항 중 "「공무원연금법 시행령」 제30조에 따른 건강진단 결과통보서 사본, 상병"을 "「공무원 재해보상법 시행령」 제28조에 따른"으로, "제46조제2호에 따른 장애경위조사서"를 "제41조에 따른

장해경위 조사서"로, "제52조"를 "제50조"로 한다.

㉑ 사회보장급여의 이용·제공 및 수급권자 발굴에 관한 법률 시행령 일부를 다음과 같이 개정한다.

별표 1 제4호 중 "「공무원연금법」"을 "「공무원연금법」, 「공무원 재해보상법」"으로 한다.

㉒ 사회보장기본법 시행령 일부를 다음과 같이 개정한다.

제19조제2항제2호나목 중 "공무원연금"을 "공무원연금·공무원 재해보상"으로 한다.

㉓ 산업재해보상보험법 시행령 일부를 다음과 같이 개정한다.

제2조제1항제1호를 다음과 같이 한다.

1. 「공무원 재해보상법」 또는 「군인연금법」에 따라 재해보상이 되는 사업. 다만, 「공무원 재해보상법」 제60조에 따라 순직유족급여 또는 위험직무순직유족급여에 관한 규정을 적용받는 경우는 제외한다.

㉔ 석면피해구제법 시행령 일부를 다음과 같이 개정한다.

제3조제2호를 다음과 같이 한다.

2. 「공무원 재해보상법」

㉕ 소방공무원 승진임용 규정 일부를 다음과 같이 개정한다.

제5조제2항제1호가목 중 "「공무원연금법」"을 "「공무원 재해보상법」"으로 한다.

제6조제1항제1호 중 "「공무원연금법」"을 "「공무원 재해보상법」"으로 한다.

㉖ 소방공무원임용령 일부를 다음과 같이 개정한다.

제60조제1항 각 호 외의 부분 중 "「공무원연금법 시행령」 제20조

의2에 따른 공무상요양비"를 "「공무원 재해보상법」 제9조에 따라 요양급여"로 한다.

㉗ 아동수당법 시행령 일부를 다음과 같이 개정한다.

제2조제2항제4호 각 목 외의 부분 본문 중 "「공무원연금법」"을 "「공무원연금법」, 「공무원 재해보상법」"으로 한다.

㉘ 연구실 안전환경 조성에 관한 법률 시행령 일부를 다음과 같이 개정한다.

제15조제2항제2호 중 "「공무원연금법」"을 "「공무원 재해보상법」"으로 한다.

㉙ 연구직 및 지도직공무원의 임용 등에 관한 규정 일부를 다음과 같이 개정한다.

제14조제4항제1호가목 중 "「공무원연금법」"을 "「공무원 재해보상법」"으로 한다.

㉚ 영유아보육법 시행령 일부를 다음과 같이 개정한다.

제21조의8제2항제4호 각 목 외의 부분 본문 중 "「공무원연금법」"을 "「공무원연금법」·「공무원 재해보상법」"으로 한다.

㉛ 외무공무원임용령 일부를 다음과 같이 개정한다.

제4조제1호 중 "「공무원연금법」"을 "「공무원 재해보상법」"으로 한다.

㉜ 원자력안전법 시행령 일부를 다음과 같이 개정한다.

제152조제2호 중 "「공무원연금법」"을 "「공무원 재해보상법」"으로 한다.

㉝ 임용결격공무원 등에 대한 퇴직보상금지급 등에 관한 특례법 시행령 일부를 다음과 같이 개정한다.

제7조제1항 중 “「공무원연금법 시행령」”을 “「공무원연금법 시행령」, 「공무원 재해보상법 시행령」”으로 한다.

㉞ 자동차손해배상 보장법 시행령 일부를 다음과 같이 개정한다.

제29조제1호 및 제3호를 각각 다음과 같이 한다.

1. 「공무원 재해보상법」(같은 법 제8조의 급여 중 같은 조 제5호에 따른 재해유족급여를 제외한 급여를 말한다)

3. 「사립학교교직원 연금법」(같은 법 제42조에 따라 준용되는 「공무원 재해보상법」 제8조의 급여 중 같은 조 제5호에 따른 재해유족급여를 제외한 급여를 말한다)

㉟ 재외공무원재해보상규정 일부를 다음과 같이 개정한다.

제3조제2항 후단 중 “공무원연금법 제3조·제28조 및 제29조의 규정을”을 “「공무원 재해보상법」 제3조 및 제11조를”로 한다.

㊱ 정신건강증진 및 정신질환자 복지서비스 지원에 관한 법률 시행령 일부를 다음과 같이 개정한다.

제31조제2호 중 “「공무원연금법」”을 “「공무원 재해보상법」”으로 한다.

제37조제2항 중 “「공무원연금법」”을 “「공무원 재해보상법」”으로 한다.

㊲ 제대군인지원에 관한 법률 시행령 일부를 다음과 같이 개정한다.

제33조의2제1호 중 “공무원연금”을 “공무원연금·공무원 재해보상”으로 한다.

㊳ 지방공무원 명예퇴직수당 등 지급 규정 일부를 다음과 같이

개정한다.

제4조 단서 중 "장애"를 "장해"로 한다.

별표 2의 제목 중 "장애등급"을 "장해등급"으로 하고, 같은 표의 표 중 "장애등급"을 "장해등급"으로 하며, 같은 표 비고 중 "장애등급은 「공무원연금법 시행령」 제45조"를 "장해등급은 「공무원 재해보상법 시행령」 제40조"로 한다.

㊴ 지방공무원 수당 등에 관한 규정 일부를 다음과 같이 개정한다.

제10조제3항제4호 중 "「공무원연금법 시행령」 제45조"를 "「공무원 재해보상법 시행령」 제40조"로 한다.

㊵ 지방공무원 임용령 일부를 다음과 같이 개정한다.

제31조의6제2항제1호가목 중 "「공무원연금법」"을 "「공무원 재해보상법」"으로 한다.

제34조제1항제1호 중 "「공무원연금법」"을 "「공무원 재해보상법」"으로 한다.

제38조의18 본문 중 "「공무원연금법 시행령」 제30조"를 "「공무원 재해보상법 시행령」 제28조"로 한다.

㊶ 지방 연구직 및 지도직공무원의 임용 등에 관한 규정 일부를 다음과 같이 개정한다.

제12조제4항제1호 중 "「공무원연금법」"을 "「공무원 재해보상법」"으로 한다.

㊷ 초·중등교육법 시행령 일부를 다음과 같이 개정한다.

제104조의2제3항제4호 각 목 외의 부분 본문 중 "「공무원연금

법」"을 "「공무원연금법」, 「공무원 재해보상법」"으로 한다.

제104조의6제1항제1호 중 "공무원연금"을 "공무원연금·공무원 재해보상"으로 한다.

㊸ 한국장학재단 설립 등에 관한 법률 시행령 일부를 다음과 같이 개정한다.

제33조의4제2항제4호 중 "「공무원연금법」"을 "「공무원연금법」, 「공무원 재해보상법」"으로 한다.

제33조의7제1항제1호라목을 다음과 같이 한다.

라. 「공무원연금법」에 따른 공무원연금공단에 대하여 공무원연금 및 공무원 재해보상에 관한 자료

제19조(다른 법령과의 관계) 이 영 시행 당시 다른 법령에서 종전의 「공무원연금법 시행령」 또는 그 규정을 인용하고 있는 경우에 이 영에 그에 해당하는 규정이 있을 때에는 종전의 규정을 갈음하여 이 영 또는 이 영의 해당 규정을 인용한 것으로 본다.

부칙 〈제30256호, 2019. 12. 24.〉 (산업안전보건법 시행령)

제1조(시행일) 이 영은 2020년 1월 16일부터 시행한다. 〈단서 생략〉

제2조 부터 제31조까지 생략

제32조(다른 법령의 개정) ①부터 ⑤까지 생략

⑥ 공무원 재해보상법 시행령 일부를 다음과 같이 개정한다.

제12조제1항 중 "「산업안전보건법」 제42조제4항에 따른 측정기관"을 "「산업안전보건법」 제126조제1항에 따른 작업환경측정기관"으로 한다.

⑦부터 ㊵까지 생략

제33조 생략

부칙 〈제30760호, 2020. 6. 9.〉 (군인 재해보상법 시행령)

제1조(시행일) 이 영은 2020년 6월 11일부터 시행한다.

제2조 부터 제11조까지 생략

제12조(다른 법령의 개정) ①부터 ⑤까지 생략

⑥ 공무원 재해보상법 시행령 일부를 다음과 같이 개정한다.

별표 7 제4호 중 "「군인연금법」"을 "「군인연금법」, 「군인 재해보상법」"으로 한다.

⑦부터 ㊱까지 생략

제13조 생략

부칙 〈제30893호, 2020. 8. 4.〉 (신용정보의 이용 및 보호에 관한 법률 시행령)

제1조(시행일) ① 이 영은 2020년 8월 5일부터 시행한다. 〈단서 생략〉

② 및 ③ 생략

제2조 생략

제3조(다른 법령의 개정) ①부터 ⑥까지 생략

⑦ 공무원 재해보상법 시행령 일부를 다음과 같이 개정한다.

별표 6 제4호를 다음과 같이 한다.

4. 「신용정보의 이용 및 보호에 관한 법률」 제25조제2항제1호에 따른 종합신용정보집중기관

별표 7 제10호 중 "「신용정보의 이용 및 보호에 관한 법률」에 따른 신용정보집중기관"을 "「신용정보의 이용 및 보호에 관한 법률」 제25조제2항제1호에 따른 종합신용정보집중기관"으로 한다.

⑧부터 〈65〉까지 생략

제4조 생략

부칙 〈제30970호, 2020. 8. 25.〉

제1조(시행일) 이 영은 공포한 날부터 시행한다.

제2조(재해보상부담금 부담 회계에 관한 적용례) 제60조제1항제3호의 개정규정은 2020년 4월 1일 이후의 재해보상부담금 납입분부터 적용한다.

제3조(다른 법령의 개정) 행정권한의 위임 및 위탁에 관한 규정 일부를 다음과 같이 개정한다.

제43조를 삭제한다.

부칙 〈제31380호, 2021. 1. 5.〉 (어려운 법령용어 정비를 위한 473개 법령의 일부개정에 관한 대통령령)

이 영은 공포한 날부터 시행한다. 〈단서 생략〉

부칙 〈제31820호, 2021. 6. 22.〉

제1조(시행일) 이 영은 2021년 6월 23일부터 시행한다.

제2조(공무상 재해의 인정기준 변경에 따른 적용례) 제5조의 개정규정은 이 영 시행 당시 법 제8조에 따른 급여를 신청하여 절차가 진

행 중인 경우에도 적용한다.

제3조(유족의 인정기준에 관한 경과조치) 이 영 시행 전에 재해유족급여 사유가 발생한 사람에 대한 유족의 인정기준에 관하여는 제4조의 개정규정에도 불구하고 종전의 규정에 따른다.

제4조(부양사실 인정기준에 관한 경과조치) 이 영 시행 전에 재해유족급여 사유가 발생한 사람에 대한 부양사실의 인정기준에 관하여는 별표 1의 개정규정에도 불구하고 종전의 규정에 따른다.

부칙 〈제32529호, 2022. 3. 8.〉

제1조(시행일) 이 영은 공포 후 6개월이 경과한 날부터 시행한다. 다만, 제46조 · 제52조 및 제52조의2의 개정규정은 공포한 날부터 시행한다.

제2조(재해발생 경위서 제출에 관한 적용례) 제28조제1항 및 제41조제1항의 개정규정은 이 영 시행 이후 공무상 요양 승인을 신청하거나 장해급여를 청구하는 경우부터 적용한다.

제3조(장해등급의 결정에 관한 적용례) 제40조, 별표 3 및 별표 4의 개정규정은 이 영 시행 이후 장해급여의 사유가 발생하는 사람부터 적용한다.

제4조(직권에 의한 장해등급 재판정 대상이 되는 장해에 관한 경과조치) 이 영 시행 당시의 장해연금 수급권자(이 영 시행 전에 장해급여의 사유가 발생하여 이 영 시행 이후 장해연금 수급권자가 되는 사람을 포함한다)가 직권에 의한 장해등급재판정대상자에 해당하는지에 관하여는 제44조제1항제1호부터 제3호까지의 개정규정에도

불구하고 종전의 규정에 따른다.

제5조(다른 법령의 개정) ① 공무원연금법 시행령 일부를 다음과 같이 개정한다.

제40조 중 “「공무원 재해보상법 시행령」 제40조제1항”을 “「공무원 재해보상법 시행령」 제40조”로 한다.

② 동의대 사건 희생자의 명예회복 및 보상에 관한 법률 시행령 일부를 다음과 같이 개정한다.

별표 2 비고 제2호 중 “「공무원 재해보상법 시행령」 제40조제2항”을 “「공무원 재해보상법 시행령」 제40조제4항”으로 한다.

부칙 〈제33382호, 2023. 4. 11.〉 (국가보훈부와 그 소속기관 직제)

제1조(시행일) 이 영은 2023년 6월 5일부터 시행한다.

제2조 부터 제4조까지 생략

제5조(다른 법령의 개정) ①부터 〈65〉까지 생략

〈66〉 공무원 재해보상법 시행령 일부를 다음과 같이 개정한다.

제80조 중 “국가보훈처장”을 “국가보훈부장관”으로 한다.

〈67〉부터 〈73〉까지 생략

부칙 〈제33521호, 2023. 6. 7.〉

이 영은 2023년 6월 11일부터 시행한다.

부칙 〈제34585호, 2024. 6. 18.〉

이 영은 2024년 6월 20일부터 시행한다.

부칙 〈제35393호, 2025. 3. 18.〉

제1조(시행일) 이 영은 2025년 3월 20일부터 시행한다.

제2조(건강손상자녀 관련 물리적 유해인자에 관한 특례) 별표 5의2 제3호가목 전단의 개정규정에도 불구하고 2025년 5월 31일까지는 같은 개정규정 중 “「산업안전보건법」 제39조제1항제2호에 따른 고열”은 “「산업안전보건법」 제39조제1항제2호에 따른 고온”으로 본다.

별표 / 서식

[별표 1] 공무원등의 부양사실 인정기준(제4조제1항 관련)

[별표 2] 공무상 재해의 구체적인 인정기준(제5조제2항 관련)

[별표 3] 장해등급(제40조제1항 및 제54조의3제1항 관련)

[별표 4] 2개 이상의 장해에 대한 종합장해등급표(제40조제3항 단서 관련)

[별표 5] 간병급여의 지급요건(제48조제1항 관련)

[별표 5의2] 건강손상자녀 관련 유해인자(제54조의2 관련)

[별표 5의3] 공무원등에 대한 양육책임 불이행 판단 시 고려사항(제55조의2제6항 관련)

[별표 6] 인사혁신처장 및 공단이 자료를 요청할 수 있는 기관 · 법인 · 단체(제79조제1항 관련)

[별표 7] 인사혁신처장 및 공단이 요청할 수 있는 자료(제79조제2항 관련)

공무원 재해보상법 시행규칙

[시행 2025. 3. 20.] [총리령 제2028호, 2025. 3. 20., 일부개정]

**개정 예정 법률 밑줄 별도 표시.

공무원 재해보상법 시행규칙

[시행 2025. 3. 20.] [총리령 제2028호, 2025. 3. 20., 일부개정]

제1조(목적) 이 규칙은 「공무원 재해보상법」 및 같은 법 시행령에서 위임된 사항과 그 시행에 필요한 사항을 규정함을 목적으로 한다.

제1조의2(급여 청구 관련 자료 제출) 「공무원 재해보상법 시행령」(이하 "영"이라 한다) 제14조제2항에 따른 연금취급기관장(영 제82조제2항에 따른 연금취급기관장을 포함하며, 이하 "연금취급기관장"이라 한다)은 「공무원 재해보상법」(이하 "법"이라 한다) 제9조제2항 각 호의 급여 청구에 대한 확인을 위하여 필요한 경우에는 청구인의 직근(直近) 소속기관의 장(제3호 및 제4호의 경우에는 사망자의 사망 당시 소속기관의 장이나 사망 당시 공무를 수행하였던 기관의 장을 말한다)에게 다음 각 호의 조사서 작성에 필요한 자료의 제출을 요청할 수 있다.

1. 영 제28조제2항에 따른 경위 조사서
2. 영 제41조제2항에 따른 장해경위 조사서
3. 영 제50조제2항에 따른 사망경위 조사서
4. 영 제82조제3항제3호에 따른 사망경위 조사서

[본조신설 2025. 3. 20.]

제2조(급여수급자가 없는 경우의 급여 사용) ① 연금취급기관장은 영 제19조제2항에 따라 사망한 공무원 또는 공무원이었던 사람을 위하여 급여를 사용하려는 경우에는 급여청구서에 해당 급여의 사용계획서를 첨부하여 「공무원연금법」 제4조에 따른 공무원연금공단(이하 "공단"이라 한다) 또는 지방자치단체의 장(지방자치단체 소속 공무원의 부조급여만 해당한다. 이하 이 조에서 같다)에게 제출하고 공단 또는 지방자치단체의 장은 이를 심사하여 연금취급기관장에게 해당 급여를 지급한다. 〈개정 2025. 3. 20.〉

② 제1항에 따라 급여를 받은 연금취급기관장은 제1항에 따른 사용계획서에 따라 급여를 사용하여야 하며, 급여를 사용한 후 급여사용명세서에 영수증을 첨부하여 공단 또는 지방자치단체의 장에게 제출하여야 한다.

제3조(연금증서의 재발급) 연금인 급여를 받는 사람(이하 "연금수급자"라 한다)이 연금증서를 잃어버렸거나 연금증서가 헐어 못 쓰게 된 경우에는 재발급신청을 하여 연금증서를 재발급받을 수 있다. 이 경우 연금증서가 헐어 못 쓰게 되었을 때에는 그 연금증서를 반환하여야 한다.

제4조(연금수급자의 신상 변동 등의 신고) ① 공단은 적정한 급여를 지급하기 위하여 필요하다고 인정될 때에는 연금수급자로 하여금 급여와 관련된 신분상의 변동사항을 신고하게 할 수 있다.

② 연금수급자는 성명이나 주소를 변경한 경우에는 공단에 신고하여야 한다. 이 경우 성명 변경을 신고할 때에는 가족관계기록사항에 관한 증명서를 제출하여야 한다.

제5조(간호ㆍ이송의 대상 및 비용 지급의 범위) ① 법 제22조제1항 제5호 및 제6호에 따른 간호 및 이송의 대상과 그에 해당하는 요양급여비용의 지급 범위에 관하여는 「산업재해보상보험법 시행규칙」 제11조부터 제18조까지의 규정을 준용한다. 〈개정 2025. 3. 20.〉

② 영 제28조 및 제32조에 따라 공무상 요양 또는 재요양 승인을 받은 사람이 영 제30조제3항에 따라 법 제25조제2호 및 제3호에 따른 간호에 대한 요양급여비용을 공단에 청구할 때에는 간호의 필요성에 대한 담당 의사의 소견서를 첨부하여야 한다. 이 경우 공단은 영 제33조에 따른 요양 자문위원에게 자문을 하고 간호에 대한 요양급여비용을 심사한 후 그 비용을 지급할 수 있다.

③ 공단은 제1항에 따른 간호 및 이송의 대상과 그에 해당하는 요양급여비용의 지급에 관하여 구체적인 기준이 필요한 경우에는 그 기준을 정할 수 있다.

제6조(요양기관) 인사혁신처장은 다음 각 호의 병원이나 의료기관 중에서 영 제32조제5항 전단, 제43조제4항 전단, 제44조제3항 전단 및 제46조제1항에 따른 요양기관을 지정한다.

1. 국립종합병원 또는 공립종합병원
2. 대학부속병원
3. 「산업재해보상보험법」에 따른 근로복지공단이 운영하는 산재보험 의료기관 중 종합병원 규모 이상의 의료기관

제7조(진단 비용의 지급 방법 및 기준) ① 인사혁신처장은 영 제32조제5항 후단, 제43조제4항 후단 및 제44조제3항 후단(영 제46조제2항에 따라 준용하는 경우를 포함한다)에 따른 진단에 드는 비용

을 실비(實費)로 지급할 수 있다.

② 제1항에 따른 실비의 지급은 진단을 한 병원이나 의료기관에서 발행한 명세서를 기준으로 한다. 다만, 명세서가 없거나 명세서에 구체적인 비용이 분명하게 적혀있지 아니한 경우에는 보건복지부장관이 고시하는 요양급여기준과 진료수가기준 중 유사한 기준에 따라 산정(算定)한 금액으로 한다.

제8조(장해 판정 기준) ① 장해의 판정은 영 제41조제1항에 따른 공무원재해보상 장해진단서 또는 영 제43조제4항 전단, 제44조제3항 전단 및 제46조제1항에 따른 진단 결과 발급된 공무원재해보상 장해진단서를 기준으로 한다.

② 장해의 확정일은 공무상 부상 또는 질병으로 인한 증상이 안정된 후 6개월이 지나고 그 증상이 자연적 경과로 최종 상태에 이르렀다고 진단된 날로 한다. 다만, 승인된 요양기간이 끝난 때부터 1년 이상 지나고 그 부상 또는 질병이 안정된 시기나 최종 치료시점을 알 수 없는 경우에는 장해 진단일을 장해가 확정된 날로 본다.

[제목개정 2022. 9. 8.]

제9조(장해등급의 세부 판정기준) ① 장해등급은 신체를 해부학적으로 구분한 부위(이하 "장해부위"라 한다) 및 장해부위를 장해군(群)으로 구분한 부위(이하 "장해계열"이라 한다)별로 판정한다. 〈신설 2022. 9. 8.〉

② 장해부위는 다음 각 호와 같이 구분하되, 좌우 양쪽의 기관이 있는 부위는 각각 다른 장해부위로 본다. 다만, 안구와 속귀는 좌우를 같은 장해부위로 본다. 〈신설 2022. 9. 8.〉

1. 눈은 안구와 눈꺼풀의 좌 또는 우

2. 귀는 속귀 등과 귓바퀴의 좌 또는 우

3. 코

4. 입

5. 머리 · 얼굴 · 목

6. 신경계통의 기능 또는 정신기능

7. 흉복부장기(외부 생식기를 포함한다)

8. 체간은 척주(脊柱)와 그 밖의 체간골(體幹骨)

9. 팔은 팔의 좌 또는 우, 손가락은 손의 좌 또는 우

10. 다리는 다리의 좌 또는 우, 발가락은 발의 좌 또는 우

③ 장해계열의 구분은 별표 1과 같다. 〈신설 2022. 9. 8.〉

④ 영 제40조제3항에 따른 장해등급의 결정은 장해계열이 다른 장해가 둘 이상 있는 경우에 실시한다. 다만, 다음 각 호의 어느 하나에 해당하는 경우에는 영 제40조제3항에 따라 장해등급을 결정하지 않고 장해계열이 같은 것으로 보아 영 제40조제2항에 따라 장해등급을 결정한다. 〈신설 2022. 9. 8.〉

1. 양쪽 안구에 시력장해 · 조절기능장해 · 운동장해 또는 시야장해가 각각 남은 경우

2. 팔에 기능장해가 남고 같은 쪽 손가락에 상실장해 또는 기능장해가 남은 경우

3. 다리에 기능장해가 남고 같은 쪽 발가락에 상실장해 또는 기능장해가 남은 경우

⑤ 장해계열이 다른 장해가 둘 이상 있더라도 다음 각 호의 어느

하나에 해당하면 영 제40조제3항에 따라 장해등급을 결정하지 않고 영 제40조제1항(영 별표 3을 포함한다. 이하 같다)에 따라 장해등급을 결정한다. 〈신설 2022. 9. 8.〉

1. 장해계열이 다른 둘 이상의 장해의 조합에 대하여 영 별표 3에 따른 하나의 장해등급(이하 "조합등급"이라 한다)으로 정해진 다음 각 목의 어느 하나에 해당하는 장해가 남은 경우

가. 두 팔의 상실장해 또는 기능장해로서 영 별표 3에 따른 장해등급(이하 "장해등급"이라 한다)에서 제1급제5호 · 제6호 또는 제2급제5호에 해당하는 장해

나. 두 손의 손가락의 상실장해 또는 기능장해로서 장해등급에서 제3급제5호 또는 제4급제6호에 해당하는 장해

다. 두 다리의 상실장해 또는 기능장해로서 장해등급에서 제1급제7호 · 제8호, 제2급제6호 또는 제4급제7호에 해당하는 장해

라. 두 발의 발가락의 상실장해 또는 기능장해로서 장해등급에서 제5급제8호 또는 제7급제11호에 해당하는 장해

마. 두 눈의 눈꺼풀의 상실장해 또는 운동장해로서 장해등급에서 제9급제4호, 제11급제2호 또는 제11급제3호에 해당하는 장해

바. 두 귀의 귓바퀴의 상실장해로서 장해등급에서 제11급제7호, 제12급제7호 또는 제13급제4호에 해당하는 장해

2. 하나의 장해가 장해등급에 해당하는 장해 중 둘 이상의 장해에 해당하더라도 하나의 장해를 각각 다른 관점에서 평가하는데 지나지 않는 경우. 이 경우 그 공무원등(공무원이거나 공무원이었던 사람을 말한다. 이하 같다)의 장해등급은 가장 중(重)한 장해에 해당

하는 장해등급으로 한다.

3. 하나의 장해에 다른 장해가 파생되는 관계에 있는 경우. 이 경우 그 공무원등의 장해등급은 가장 중한 장해에 해당하는 장해등급으로 한다.

⑥ 같은 장해계열의 장해의 정도가 심해지고 다른 장해계열에도 새로 장해가 남은 경우에는 같은 장해계열의 심해진 장해에 대한 장해등급과 다른 장해계열의 장해에 대한 장해등급을 각각 정한 후 영 제40조제3항에 따라 장해등급을 결정한다. 〈신설 2022. 9. 8.〉

⑦ 조합등급으로 정해져 있는 장해부위의 어느 한쪽에 장해가 있던 사람이 다른 한쪽에 새로 장해가 발생하여 제5항제1호 각 목의 장해 중 어느 하나에 해당하게 된 경우에는 그 새로 발생한 장해에 대하여 따로 장해등급을 결정하지 않고, 기존의 장해가 심해진 것으로 보아 영 제40조제1항 또는 영 제40조제2항에 따라 장해등급을 결정한다. 〈신설 2022. 9. 8.〉

⑧ 영 제40조제4항에 따른 장해등급 결정을 위한 세부 판정기준은 별표 2에 따른다. 〈개정 2022. 9. 8.〉

제10조(장해등급의 결정) ① 영 제40조에 따른 장해등급의 결정은 제8조제2항에 따른 장해의 확정일 이후에 결정하여야 한다. 〈개정 2022. 9. 8.〉

② 삭제 〈2022. 9. 8.〉

③ 영 제40조제2항에 따른 장해등급의 결정을 할 때에는 장해발생 부위 및 상태와 신체 부위별 장해 정도, 노동력 상실률 등을 종합적으로 고려하여야 한다. 〈개정 2022. 9. 8.〉

제11조(관절의 운동장해 또는 기능장해 측정) ① 영 별표 3에 따른 관절에 운동장해 또는 기능장해가 남은 사람에 대한 장해 정도 측정은 의학적으로 공인된 측정방법으로 한다. 다만, 여러 종류의 측정방법이 있는 경우에는 가장 최근에 개발된 측정방법으로 하되, 운동장해 또는 기능장해의 정도가 명확히 표시되지 않는 경우에는 그 정도의 표시가 명확한 방법으로 한다. 〈개정 2022. 9. 8.〉

② 관절의 운동장해 또는 기능장해의 정도는 제1항에 따른 측정치와 별표 3의 비장해인의 신체 각 관절에 대한 평균 운동가능영역을 비교하여 산정한다. 〈개정 2022. 9. 8.〉

③ 제2항에 따라 해당 공무원등의 신체 각 관절의 운동가능영역을 측정할 때에는 다음 각 호의 구분에 따른 방법으로 한다. 〈신설 2022. 9. 8.〉

1. 강직, 오그라듦, 신경손상 등 운동장해 또는 기능장해의 원인이 명확한 경우: 공무원등의 능동적 운동에 의한 측정방법

2. 운동장해 또는 기능장해의 원인이 명확하지 아니한 경우: 공무원등의 수동적 운동에 의한 측정방법

[제목개정 2022. 9. 8.]

제12조(중대한 과실) 다음 각 호의 어느 하나에 해당하는 경우에는 법 제44조제3항제2호에 따른 "중대한 과실"로 본다.

1. 공무수행 또는 공무와 관련한 행위 중 불가피한 사유 없이 「교통사고처리 특례법」 제3조제2항 각 호의 어느 하나에 해당하는 행위로 인하여 사고가 발생한 경우

2. 공무수행 또는 공무와 관련한 행위 중 불가피한 사유 없이 법

령의 위반, 음주 또는 안전수칙의 현저한 위반으로 사고가 발생한 경우

제12조의2(역학조사 참석 등) ① 공단은 법 제57조의2제1항에 따른 역학조사(이하 "역학조사"라 한다)를 실시하기 전에 같은 항 각 호에 따른 역학조사 참석자에게 미리 참석 시기와 장소를 통지해야 한다.

② 공단은 역학조사를 실시하기 위하여 필요한 경우에는 「고등교육법」 제25조에 따른 연구소 등이나 「산업교육진흥 및 산학연협력촉진에 관한 법률」 제25조에 따른 산학협력단 또는 그 밖에 각종 질병의 발생 및 진단에 관한 전문성을 갖춘 기관·법인 또는 단체에 역학조사와 관련된 자문을 의뢰할 수 있다.

[본조신설 2025. 3. 20.]

제13조(장부의 비치) ① 인사혁신처장, 공단 및 연금취급기관장은 재해보상문서의 접수·발송 상황을 정확하게 기록·정리하기 위하여 일반문서 접수·발송부와는 별도로 재해보상문서 접수부와 재해보상문서 발송부를 갖추어 두어야 한다.

② 재해보상문서를 발송할 때에는 그 봉투 또는 엽서의 표면에 "재해보상문서"라는 표시를 하여야 한다.

제14조(통계의 작성·유지) 인사혁신처장 및 공단은 급여 결정·지급, 재해보상부담금 등 공무원 재해보상제도 운영에 필요한 각종 통계를 작성·유지하여야 한다.

부칙 〈제1490호, 2018. 9. 21.〉

제1조(시행일) 이 규칙은 2018년 9월 21일부터 시행한다.

제2조(간호에 대한 요양급여비용 청구에 관한 경과조치) 이 규칙 시행 전에 종전의 「공무원연금법 시행규칙」(총리령 제1489호로 전부개정되기 전의 것을 말한다. 이하 같다) 제21조제2항에 따라 간호의 필요성에 대한 담당 의사의 소견서를 제출한 때에는 제5조제2항에 따라 담당 의사의 소견서를 제출한 것으로 본다.

제3조(장해등급의 결정에 관한 경과조치) ① 이 규칙 시행 전의 장해등급 결정에 관하여는 제10조에도 불구하고 종전의 「공무원연금법 시행규칙」 제24조에 따른다.

② 제1항에도 불구하고 행정자치부령 제89호 공무원연금법시행규칙개정령 시행 당시 종전의 규정(행정자치부령 제89호로 전부개정되기 전의 것을 말한다)에 따라 폐질등급의 결정을 받은 사람은 행정자치부령 제89호 공무원연금법시행규칙개정령에 따라 폐질등급의 결정을 받은 것으로 본다.

③ 제1항에도 불구하고 행정자치부령 제126호 공무원연금법시행규칙중개정령 시행 당시 종전의 규정(행정자치부령 제126호로 일부개정되기 전의 것을 말한다)에 따라 폐질등급의 결정을 받은 사람은 행정자치부령 제126호 공무원연금법시행규칙중개정령 별표 2 및 별표 3의 개정규정에 따라 해당 등급의 폐질등급의 결정을 받은 것으로 본다.

제4조(다른 법령과의 관계) 이 규칙 시행 당시 다른 법령에서 종전의 「공무원연금법 시행규칙」 또는 그 규정을 인용하고 있는 경우 이 규칙에 그에 해당하는 규정이 있을 때에는 종전의 규정을 갈음하여

이 규칙 또는 이 규칙의 해당 규정을 인용한 것으로 본다.

부칙 〈제1825호, 2022. 9. 8.〉

제1조(시행일) 이 규칙은 2022년 9월 9일부터 시행한다.

제2조(장해등급의 결정에 관한 적용례) 제9조, 제11조 및 별표 1부터 별표 3까지의 개정규정은 이 규칙 시행 이후 장해급여의 사유가 발생하는 사람부터 적용한다.

부칙 〈제2028호, 2025. 3. 20.〉

이 규칙은 2025년 3월 20일부터 시행한다.

별표 / 서식

[별표 1] 장해계열표(제9조제3항 관련)

[별표 2] 장해등급 결정을 위한 세부 판정기준(제9조제8항 관련)

[별표 3] 비장해인의 신체 각 관절에 대한 평균 운동가능영역(제11조제2항 관련)

대한민국 법령 시리즈 67

공무원 재해보상법

법 령 / 시 행 령 / 시 행 규 칙

2025년 4월 9일 인쇄 정가 19,000원
2025년 4월 19일 발행

편 저 편집부
디 자 인 송영미
발 행 인 조준형
발 행 처 해광출판사
http://www.hgbookpub.com
E-mail : munbookcokr@naver.com
주 소 부산광역시 중구 해관로 41-1 (중앙동2가)
전화번호 (051) 253-0001 팩스 (051) 245-1187
등 록 제 2012-000005호

해광출판사에서는 여러분의 소중한 원고와 함께 할 기회를 기다리고 있습니다. 책으로 엮을 원고나 아이디어가 있으신 분들은 이메일 munbookcokr@naver.com 로 책에 대한 간단한 개요와 원고 전체 또는 일부를 연락처와 함께 보내주십시오.

ISBN 979-11-6881-809-5

※ 법령 출처 : 법제처 국가법령정보센터
※ 본 도서는 〈공공데이터 제공 및 이용 활성화에 관한 법률〉을 근거로 출판되었습니다.

해광출판사 대한민국 법령 시리즈

001. 선원법
002. 어선법
003. 선박직원법
004. 해사안전기본법
005. 해양환경관리법
006. 선박의 입항 및 출항등에 관한 법률
007. 학교안전사고예방 및 보상에 관한 법률
008. 종합부동산세법
009. 방위사업법
010. 행정규제기본법
011. 식품산업진흥법
012. 위험물안전관리법
013. 화재의 예방 및 안전관리에 관한 법률
014. 도시가스사업법
015. 실내공기질관리법
016. 지방세법
017. 소득세법
018. 법인세법
019. 도선법
020. 선박안전법
021. 선박법
022. 수산업법
023. 고압가스안전관리법
024. 국민연금법
025. 공동주택관리법
026. 화학물질관리법
027. 어선원 및 어선 재해보상보험법
028. 장기등 이식에 관한 법률
029. 자연재해대책법
030. 공유재산 및 물품 관리법
031. 산업입지 및 개발에 관한 법률
032. 부정경쟁방지 및 영업비밀보호에 관한 법률
033. 금융지주회사법
034. 온실가스 배출권의 할당 및 거래에 관한 법률
035. 건축사법
036. 산림문화휴양에 관한 법률
037. 전기사업법
038. 사립학교법
039. 고등교육법
040. 액화석유가스의 안전관리 및 사업법
041. 선박투자회사법
042. 수산자원관리법
043. 위험물선박운송및저장규칙
044. 선박평형수관리법
045. 주택임대차보호법
046. 상가건물임대차보호법
047. 지방공기업법
048. 승강기안전관리법
049. 수목원·정원의 조성 및 진흥에 관한 법률
050. 민법
051. 치료감호 등에 관한 법률
052. 대부업 등의 등록 및 금융이용자 보호에 관한 법률
053. 사료관리법
054. 무형문화재 보전 및 진흥에 관한 법률
055. 총포·도검·화약류 등의 안전관리에 관한 법률
056. 경찰관직무집행법
057. 시설물의 안전 및 유지관리에 관한 특별법
058. 수산생물질병 관리법
059. 소비자기본법
060. 국제선박등록법
061. 정보통신망 이용촉진 및 정보보호 등에 관한 법률
062. 해운법
063. 농수산물 품질관리법
064. 수산업협동조합법
065. 해외건설촉진법
066. 수상레저안전법
067. 공무원재해보상법
068. 수상에서의 수색·구조 등에 관한 법률
069. 어촌어항법
070. 항만법
071. 항만운송사업법
072. 해양경비법
073. 해양사고의 조사 및 심판에 관한 법률
074. 외국인근로자의 고용 등에 관한 법률
075. 중소기업기본법
076. 자유무역지역의 지정 및 운영에 관한 법률
077. 대기환경보전법
078. 소음진동관리법
079. 폐기물관리법
080. 하수도법
081. 물환경보전법
082. 토양환경보전법
083. 환경정책기본법
084. 산업재해보상보험법
085. 관세법
086. 노동조합 및 노동관계조정법
087. 근로기준법
088. 군인연금법
089. 먹는물관리법
090. 기술보증기금법
091. 관광진흥법
092. 감염병의 예방 및 관리에 관한 법률
093. 사법경찰관리의 직무를 수행할 자와 그 직무범위에 관한 법률
094. 수의사법
095. 가정폭력방지 및 피해자보호 등에 관한 법률
096. 환경영향평가법
097. 체육시설의 설치 · 이용에 관한 법률
098. 장사 등에 관한 법률
099. 상호저축은행법
100. 은행법
101. 보호관찰 등에 관한 법률
102. 형법
103. 자동차관리법
104. 형사소송법
105. 전자금융거래법
106. 마약류 불법거래 방지에 관한 특례법
107. 도로법
108. 주세법
109. 변리사법
110. 하천법
111. 중소기업진흥에 관한 법률
112. 발달장애인 권리보장 및 지원에 관한 법률
113. 주택법
114. 장애인복지법
115. 농어업경영체 육성 및 지원에 관한 법률
116. 공인중개사법
117. 건강기능식품에 관한 법률
118. 예비군법
119. 개발제한구역의 지정 및 관리에 관한 특별조치법
120. 국유재산법
121. 주차장법
122. 환경기술 및 환경산업 지원법
123. 대기관리권역의 대기환경개선에 관한 특별법
124. 악취방지법
125. 미세먼지 저감 및 관리에 관한 특별법
126. 가축분뇨의 관리 및 이용에 관한 법률
127. 물의 재이용 촉진 및 지원에 관한 법률
128. 물관리기본법
129. 물관리기술 발전 및 물산업 진흥에 관한 법률
130. 자원의 절약과 재활용촉진에 관한 법률
131. 전기 · 전자제품 및 자동차의 자원순환에 관한 법률
132. 건설폐기물의 재활용촉진에 관한 법률
133. 수도권매립지관리공사의 설립 및 운영 등에 관한 법률
134. 폐기물의 국가 간 이동 및 그 처리에 관한 법률
135. 폐기물처리시설 설치촉진 및 주변지역지원 등에 관한 법률
136. 자원순환기본법
137. 잔류성오염물질 관리법
138. 환경분쟁 조정법

해광출판사 대한민국 법령 시리즈

139. 화학물질의 등록 및 평가 등에 관한 법률
140. 환경오염시설의 통합관리에 관한 법률
141. 환경오염피해 배상책임 및 구제에 관한 법률
142. 중소기업제품 구매촉진 및 판로지원에 관한 법률
143. 환경개선비용 부담법
144. 환경분야 시험·검사 등에 관한 법률
145. 환경친화적 산업구조로의 전환촉진에 관한 법률
146. 환경친화적 자동차의 개발 및 보급 촉진에 관한 법률
147. 환경범죄 등의 단속 및 가중처벌에 관한 법률
148. 생명윤리 및 안전에 관한 법률
149. 장애인차별금지 및 권리구제 등에 관한 법률
150. 부동산투자회사법
151. 정치자금법
152. 과학기술기본법
153. 대리점거래의 공정화에 관한 법률
154. 상속세 및 증여세법
155. 학원의 설립 · 운영 및 과외교습에 관한 법률
156. 해양심층수의 개발 및 관리에 관한 법률
157. 전기용품 및 생활용품 안전관리법
158. 사회기반시설에 대한 민간투자법
159. 공직선거법
160. 정당법
161. 유류오염손해배상 보장법
162. 부정청탁 및 금품등 수수의 금지에 관한 법률
163. 항로표지법
164. 어장관리법
165. 민방위기본법
166. 공직자윤리법
167. 선거관리위원회법
168. 유선 및 도선 사업법
169. 전기공사업법
170. 사회복지사업법
171. 택지개발촉진법
172. 국가공무원법
173. 민간임대주택에 관한 특별법
174. 어음법·수표법
175. 민사집행법
176. 상법
177. 문화예술진흥법
178. 중소기업협동조합법
179. 농업협동조합법
180. 도로교통법
181. 의료사고 피해구제 및 의료분쟁 조정 등에 관한 법률
182. 산림보호법
183. 소년법
184. 동물보호법
185. 건축물관리법
186. 도시개발법
187. 화물자동차 운수사업법
188. 도시 및 주거환경정비법
189. 의료법
190. 국회법
191. 응급의료에 관한 법률
192. 출입국관리법
193. 노인복지법
194. 산림자원의 조성 및 관리에 관한 법률
195. 청소년 보호법
196. 초 · 중등교육법
197. 혁신도시 조성 및 발전에 관한 특별법
198. 경제자유구역의 지정 및 운영에 관한 특별법
199. 공공기관의 운영에 관한 법률
200. 대한민국헌법
201. 국민기초생활 보장법
202. 저작권법
203. 가사소송법
204. 국가유공자 등 예우 및 지원에 관한 법률
205. 국민체육진흥법
206. 전통주 등의 산업진흥에 관한 법률
207. 재난 및 안전관리 기본법
208. 정보통신공사업법
209. 주식회사 등의 외부감사에 관한 법률
210. 공익사업을 위한 토지 등의 취득 및 보상에 관한 법률
211. 개인정보 보호법
212. 국세기본법
213. 에너지이용 합리화법
214. 감정평가 및 감정평가사에 관한 법률
215. 국가인권위원회법
216. 가맹사업거래의 공정화에 관한 법률
217. 보건의료기본법
218. 산업안전보건법
219. 법무사법
220. 교육공무원법
221. 특허법
222. 민사소송법
223. 아동복지법
224. 전파법
225. 하도급거래 공정화에 관한 법률
226. 기초연금법
227. 사립학교교직원 연금법
228. 직업안정법
229. 장애아동 복지지원법
230. 부동산등기법
231. 자동차손해배상 보장법
232. 철도안전법
233. 항공안전법
234. 전자상거래 등에서의 소비자보호에 관한 법률
235. 독점규제 및 공정거래에 관한 법률
236. 상표법
237. 채무자 회생 및 파산에 관한 법률
238. 공무원연금법
239. 축산법
240. 근로복지기본법
241. 민원 처리에 관한 법률
242. 약사법
243. 방문판매 등에 관한 법률
244. 건축기본법
245. 지방세기본법
246. 지방세징수법
247. 지방자치법
248. 도시교통정비 촉진법
249. 공공주택 특별법
250. 국세징수법
251. 공인노무사법
252. 중대재해 처벌 등에 관한 법률
253. 외무공무원법
254. 소방시설공사업법
255. 검역법
256. 공중위생관리법
257. 할부거래에 관한 법률
258. 인터넷 멀티미디어 방송사업법
259. 전기통신사업법
260. 제품안전기본법
261. 철도사업법
262. 어린이제품 안전 특별법
263. 영유아보육법
264. 원자력안전법
265. 보험업법
266. 경비업법
267. 교통안전법
268. 세무사법
269. 관세사법
270. 공인회계사법
271. 지방공무원법
272. 고용정책 기본법
273. 국가경찰과 자치경찰의 조직 및 운영에 관한 법률
274. 협동조합 기본법
275. 재해구호법
276. 환경보건법

해광출판사 대한민국 법령 시리즈

277. 자살예방 및 생명존중문화 조성을 위한 법률
278. 소방산업의 진흥에 관한 법률
279. 소방기본법
280. 비송사건절차법
281. 자연환경보전법
282. 변호사법
283. 기업구조조정투자회사법
284. 전기통신기본법
285. 에너지법
286. 해양생태계의 보전 및 관리에 관한 법률
287. 사회보장기본법
288. 통신비밀보호법
289. 공증인법
290. 물류시설의 개발 및 운영에 관한 법률
291. 청소년활동 진흥법
292. 형의 집행 및 수용자의 처우에 관한 법률
293. 도시공원 및 녹지 등에 관한 법률
294. 태권도 진흥 및 태권도공원 조성 등에 관한 법률
295. 녹색건축물 조성 지원법
296. 우편법
297. 예금자보호법
298. 건설산업기본법
299. 금융회사의 지배구조에 관한 법률
300. 장애인활동 지원에 관한 법률
301. 언론중재 및 피해구제 등에 관한 법률
302. 국가재정법
303. 농지법
304. 게임산업진흥에 관한 법률
305. 정신건강증진 및 정신질환자 복지서비스 지원에 관한 법률
306. 디자인보호법
307. 의료기사 등에 관한 법률
308. 스마트도시 조성 및 산업진흥 등에 관한 법률
309. 내수면어업법
310. 한국주택금융공사법
311. 의료기기법
312. 유통산업발전법
313. 전통시장 및 상점가 육성을 위한 특별법
314. 여신전문금융업법
315. 해외자원개발 사업법
316. 산업교육진흥 및 산학연협력촉진에 관한 법률
317. 빈집 및 소규모주택 정비에 관한 특례법
318. 기업도시개발 특별법
319. 전력기술관리법
320. 국토기본법
321. 지하수법
322. 식품위생법
323. 광업법
324. 호스피스·완화의료 및 임종과정에 있는 환자의 연명의료결정에 관한 법률
325. 주식·사채 등의 전자등록에 관한 법률
326. 표시·광고의 공정화에 관한 법률
327. 골재채취법
328. 국민건강증진법
329. 새마을금고법
330. 여객자동차 운수사업법
331. 마리나항만의 조성 및 관리 등에 관한 법률
332. 한부모가족지원법
333. 국가를 당사자로 하는 계약에 관한 법률
334. 지방자치단체를 당사자로 하는 계약에 관한 법률
335. 축산물 위생관리법
336. 병역법
337. 음악산업진흥에 관한 법률
338. 국가균형발전 특별법
339. 첨단재생의료 및 첨단바이오의약품 안전 및 지원에 관한 법률
340. 공간정보의 구축 및 관리 등에 관한 법률
341. 공유수면 관리 및 매립에 관한 법률
342. 농수산물 유통 및 가격안정에 관한 법률
343. 아시아문화중심도시 조성에 관한 특별법
344. 신탁법
345. 자연공원법
346. 생활화학제품 및 살생물제의 안전관리에 관한 법률
347. 군인사법
348. 국제조세조정에 관한 법률
349. 낙동강수계 물관리 및 주민지원 등에 관한 법률
350. 주민등록법
351. 집합건물의 소유 및 관리에 관한 법률
352. 집단에너지사업법
353. 산림조합법
354. 반도체집적회로의 배치설계에 관한 법률
355. 자본시장과 금융투자업에 관한 법률
356. 담보부사채신탁법
357. 근로자퇴직급여 보장법
358. 국제과학비즈니스벨트 조성 및 지원에 관한 특별법
359. 수도법
360. 식품 등의 표시·광고에 관한 법률
361. 약관의 규제에 관한 법률
362. 인삼산업법
363. 종자산업법
364. 항공사업법
365. 건설기계관리법
366. 군형법
367. 궤도운송법
368. 기술의 이전 및 사업화 촉진에 관한 법률
369. 농수산물의 원산지 표시 등에 관한 법률
370. 담배사업법
371. 석유 및 석유대체연료 사업법
372. 가축전염병 예방법
373. 농어촌정비법
374. 식물신품종 보호법
375. 항공보안법
376. 중소기업창업 지원법
377. 군사법원법
378. 우주개발 진흥법
379. 해저광물자원 개발법
380. 산림복지 진흥에 관한 법률
381. 지능형 로봇 개발 및 보급 촉진법
382. 헌법재판소법
383. 옥외광고물 등의 관리와 옥외광고산업 진흥에 관한 법률
384. 혈액관리법
385. 국제항해선박 등에 대한 해적행위 피해예방에 관한 법률
386. 유료도로법
387. 독립유공자예우에 관한 법률
388. 신에너지 및 재생에너지 개발·이용·보급 촉진법
389. 신용정보의 이용 및 보호에 관한 법률
390. 출판문화산업 진흥법
391. 공항시설법
392. 국민 평생 직업능력 개발법
393. 아동·청소년의 성보호에 관한 법률
394. 방송법쉬
395. 신용보증기금법
396. 화장품법
397. 청소년 기본법
398. 인터넷주소자원에 관한 법률
399. 양곡관리법
400. 도로명주소법
401. 전자문서 및 전자거래 기본법
402. 산업기술의 유출방지 및 보호에 관한 법률
403. 국가기술자격법
404. 양식산업발전법
405. 산업기술혁신 촉진법
406. 새만금사업 추진 및 지원에 관한 특별법
407. 전자정부법
408. 지역 개발 및 지원에 관한 법률
409. 한국농어촌공사 및 농지관리기금법
410. 계량에 관한 법률
411. 기업활동 규제완화에 관한 특별조치법
412. 군에서의 형의 집행 및 군수용자의 처우에 관한 법률

해광출판사 대한민국 법령 시리즈

413. 규제자유특구 및 지역특화발전특구에 관한 규제특례법
414. 금융위원회의 설치 등에 관한 법률
415. 남녀고용평등과 일·가정 양립 지원에 관한 법률
416. 농어업인 삶의 질 향상 및 농어촌지역 개발촉진에 관한 특별법
417. 댐건설·관리 및 주변지역지원 등에 관한 법률
418. 국가유산수리 등에 관한 법률
419. 법원조직법
420. 보훈보상대상자 지원에 관한 법률
421. 부패방지 및 국민권익위원회의 설치와 운영에 관한 법률
422. 과학기술분야 정부출연연구기관 등의 설립·운영 및 육성에 관한 법률
423. 연구개발특구의 육성에 관한 특별법
424. 친환경농어업 육성 및 유기식품 등의 관리·지원에 관한 법률
425. 연안관리법
426. 영화 및 비디오물의 진흥에 관한 법률
427. 신용협동조합법
428. 방송통신발전 기본법
429. 범죄피해자 보호법
430. 가축 및 축산물 이력관리에 관한 법률
431. 국가표준기본법
432. 국가통합교통체계효율화법
433. 범죄인 인도법
434. 국가과학기술 경쟁력 강화를 위한 이공계지원 특별법
435. 국제경기대회 지원법
436. 금융혁신지원 특별법
437. 수자원의 조사·계획 및 관리에 관한 법률
438. 축산자조금의 조성 및 운용에 관한 법률
439. 소방시설 설치 및 관리에 관한 법률
440. 양성평등기본법
441. 축산계열화사업에 관한 법률
442. 수입식품안전관리 특별법
443. 대외무역법
444. 국가연구개발사업 등의 성과평가 및 성과관리에 관한 법률
445. 무역보험법
446. 기술사법
447. 광산안전법
448. 농약관리법
449. 농업·농촌 및 식품산업 기본법
450. 문화산업진흥 기본법
451. 부담금관리 기본법
452. 야생생물 보호 및 관리에 관한 법률
453. 한국은행법
454. 별정우체국법
455. 원양산업발전법
456. 콘텐츠산업 진흥법
457. 한국수출입은행법
458. 외국인투자 촉진법
459. 물류정책기본법
460. 전자서명법
461. 산업발전법
462. 산업표준화법
463. 소프트웨어 진흥법
464. 토지이용규제 기본법
465. 해수욕장의 이용 및 관리에 관한 법률
466. 정보통신 진흥 및 융합 활성화 등에 관한 특별법
467. 정보통신산업 진흥법
468. 지진·화산재해대책법
469. 소금산업진흥법
470. 위치정보의 보호 및 이용 등에 관한 법률
471. 외국법자문사법
472. 이러닝(전자학습)산업 발전 및 이러닝 활용 촉진에 관한 법률
473. 암관리법
474. 실용신안법
475. 가족관계의 등록 등에 관한 법률
476. 무인도서의 보전 및 관리에 관한 법률
477. 감사원법
478. 정보보호산업의 진흥에 관한 법률
479. 결혼중개업의 관리에 관한 법률
480. 공익신고자 보호법
481. 박물관 및 미술관 진흥법
482. 낚시 관리 및 육성법
483. 동산·채권 등의 담보에 관한 법률
484. 임금채권보장법
485. 국민투표법
486. 농림수산업자 신용보증법
487. 국가채권 관리법
488. 중소기업은행법
489. 식품안전기본법
490. 외국환거래법
491. 발명진흥법
492. 건설기술 진흥법
493. 기후위기 대응을 위한 탄소중립·녹색성장 기본법
494. 인체조직안전 및 관리 등에 관한 법률
495. 엔지니어링산업 진흥법
496. 신문 등의 진흥에 관한 법률
497. 식물방역법
498. 석탄산업법
499. 산업융합 촉진법
500. 비료관리법
501. 임업 및 산촌 진흥촉진에 관한 법률
502. 복권 및 복권기금법
503. 대규모유통업에서의 거래 공정화에 관한 법률
504. 뉴스통신 진흥에 관한 법률
505. 지능정보화 기본법
506. 자격기본법
507. 중소기업 기술혁신 촉진법
508. 국가공간정보 기본법
509. 농어업재해대책법
510. 방송광고판매대행 등에 관한 법률
511. 지식재산 기본법
512. 초고층 및 지하연계 복합건축물 재난관리에 관한 특별법
513. 해양 조사와 해양정보 활용에 관한 법률
514. 공간정보산업 진흥법
515. 공공기관의 정보공개에 관한 법률
516. 행정기본법
517. 해상교통안전법
518. 농어업재해보험법
519. 문화유산의 보존 및 활용에 관한 법률
520. 자연유산의 보존 및 활용에 관한 법률
521. 국토의 계획 및 이용에 관한 법률
522. 건축법
523. 국민건강보험법
524. 계엄법
525. 환경친화적 선박의 개발 및 보급 촉진에 관한 법률
526. 해양폐기물 및 해양오염퇴적물 관리법
527. 연안사고 예방에 관한 법률
528. 전기안전관리법

*** 해광출판사의 법령 시리즈는 계속 발행 됩니다.**
**** 각 도서의 개정판은 인쇄일을 기준으로 제작 되었습니다.**